日本が世界一「貧しい」国である件について

谷本真由美（@May_Roma）

祥伝社黄金文庫

文庫版のためのまえがき

ハードカバーを出してから3年あまりがたち、文庫版が出ることになりました。

3年前は東日本大震災が発生してからまだ日が浅く、なんとなく「震災後」という感じの雰囲気が漂っていました。「あの時はこうだった」と語る人が多く、日本にいても、なんだか、街全体が灰色の空気に包まれているような、重苦しく、どんよりとした雰囲気を感じたものです。

私は日本とヨーロッパを往復する生活ですが、当時に比べると2016年の日本は、ほぼすべてが日常に戻ったかのように見えます。

週刊誌や新聞やネットで取り上げられるのは、ヤク中になると陶芸家っぽい見た目になるらしいとか、育休取得を宣言していた議員が実は奥さんが出産・入院中にゲスい不倫をしまくりだったとか、裁判で都合の悪いことを聞かれたら「記憶にありません」と１００回連呼すればなんとかなるとか、肛門科の先生が独身男性と尻に挿《い》れた異物の大きさの関係を論文にしようとして全力で止められる、といった楽しい話題で、何とかベクレルとか、何とかが溶けたかどうか、というネタはすっかり下火になってしまいました。

放射線汚染土が詰まった黒いビニール袋の大群が野山を占拠する写真がテレビに延々と流れるよりも、「ガルパン（２０１２年に放送されたオリジナルアニメ『ガールズ&パンツァー』の略）はいいぞ」と吠える人が増えるほうが喜ばしくもあり、プラズマクラスタービームを発射する便器を作り出す我が国らしさが戻ってきたといえるでしょう。

日本の人達は〝集団鬱状態〟を脱したようにも見えます。

しかしガルパン劇場版の動員数が記録的なものになる一方で、2013年以後、日本の書店には在日外国人を揶揄《やゆ》する書籍が山のように積まれ、テレビでは「日本はスゴイ」と連呼するだけの不気味な番組が増えています。日常系美少女が戦車に乗って爆走する、という楽しい映画が大人気の横で、おぞましい言葉が並ぶ書籍が書店に並んでもへっちゃらな人が大半です。

まるでそれが公の場にあることが当たり前のように。

2011年以前の日本の書店には、そんなものを探すほうが大変だったというのに、それに気がつく人も、何か言おうという人も多くはありません。おかしくないか、という人は、空気を乱す人、という扱いをされてしまう。

少し前に震災で被害にあった人達には「絆」と連呼していた人達は、テロリストに殺害された人達に対しては、その本人や家族を揶揄していました。有名人が揶揄を始めると、それに続けとばかりに、本人や家族を笑いものにする人々が大勢いました。

書店にあふれるヘイト本も、「日本スゴイ」番組も、テロの犠牲者を揶揄する姿も、日本の外の感覚からすると異様にしか思えません。何か、心配なことや、不満がある人々が、その心の不安を、他にぶつけて解消しているようにしか見えないのです。そんな人が耳にするニュースは株式に投資されて消えた年金、介護支援の削減、実質賃金の低下、非正規雇用の数が過去最高といった後ろ向きな話ばかりです。

表面的には平静を装っていても、なんとなく、暗くて嫌な時代になっていることに不安を感じている人が多いのではないでしょうか。だからガルパンの美少女で現実から逃げ、在日外国人を揶揄して今にも壊れそうな自尊心を保っているのです。

本書は震災の後のある日曜日に、床でゴロゴロしながら、Twitterでなんとなく呟いたことをまとめたものです。「つぶやき」に肉付けしたものなので、若干一貫性がありませんが「なんとなく書いたもの」だからこそ、それに共感してくださった方が大勢いたようです。最近日本が「なんとなくおかしいな」、と感じている方、本書を手にとって頂ければ幸いです。

「なんとなくおかしいな」、と思っているのはあなただけではないのです。

谷本真由美《たにもとまゆみ》

2016年3月

はじめに

ワタクシは世間では「Twitter芸人」と呼ばれております。「Twitter芸人」とは、今をときめくソーシャルメディア、いえ、別名「バカ発見器」と呼ばれている「Twitter」にて、朝も昼も「今日もウンコを踏んだ」などと世の中に全く役に立たないことを書き散らす人のことを言います。

そんな私が、暇で暇でしょうがなかった2012年のある日、床でゴロゴロしながら適当につぶやいたことが、気がつくと「Togetter」という「まとめサイト」にまとめられ（http://togetter.com/li/275670）なぜか40万回も閲覧されていました。

その時のツイートは、以下のようなものです。

自分が日本でかかっていた洗脳。競争しなくてはいけない、家族や友より仕事、進歩は偉い、田舎はださい、自販機とコンビニは重要、電車とバスは定時でなければいけない、痩せてなければいけない、群れなければいけない、流行は追わないといけない。どれも自分を不幸にしていた。

May_Roma 2012-03-20 04:52:48

こんなものをつぶやいた理由は、日本は一見、とても豊かだけど「貧しい」国だなあと感じたからです。そのきっかけは、就職人気企業の6割が過労死基準を超えた時間外労働をしているというニュースをネットで見かけたことでした。

私が現在住んでいるイギリスや、以前四年ほど住んでいたイタリアでは、人が驚くほど働きません。週末出勤するのは、投資銀行の投資担当の人とか、シフトで働いている人や、観光業の一部の方ぐらいのもので、多くの人は、休日には庭の手入れをしたり、私のようにゴロゴロしながらC級映画『蛸ジョーズ対宇宙人』をテレビで見ているのです。ウイークデーでも定時になると仕事をさっさと終わらせて、友達とパブに飲みに行ったり、家に帰る人が少なくありません。

先進国であっても、こんなふうにまったりとやっている人が大半です。しかし、生活レベルが死ぬほど低いかというとそんなことはなく、確かに日本よりは不便ではありますが、特に困るというレベルではありません。住宅の質などは日本よりも恵まれていたりします。

ところが、私も働いていた日本では、優良企業と呼ばれる会社で働く人でも、死ぬようなレベルの時間外労働をしていることがあります。そんな会社はヨーロッパや北米の基準では「ヒューマンキリングカンパニー（人殺し企業）」と呼ばれてしまいます。

日本では郵便は盗まれませんし、スーパーで売っている牛乳が腐っているわけではないし、公害がひどくて息を吸うことができないわけではないし、電車は遅れないし、路上で殴られることもありません。何でも便利にできているので、生活は至極便利で快適であります。小金を貯めれば外食できるし、海外旅行に行くことだって可能です。

しかし、町で人々の顔つきを見ていても、なんとなく暗い顔をしています。お金はあっても「不幸だ不幸だ」と言っている人がいて、本屋に自殺するためのマニュアルが売られていて、「残業しないのが当たり前の国がある」というと驚かれてしまいます。この差を、とても不思議に思います。

冒頭の私のつぶやきのまとめ（http://togetter.com/li/275670）は、なぜ40万回も閲覧されたのでしょうか。

ネットを積極的に活用している若い人を中心に、日本には「今の日本、何かがおかしい」と考えている人が少なくないからなのではないかと思います。

その契機になったのは、２０１１年３月11日の東日本大震災ではないでしょうか。

日本は「本当に豊かな国」なのでしょうか？

本書では、

・日本が本当は貧しい国である理由はなんなのか？

・貧しい国である根本的な原因はなんなのか？
・どうしたら豊かな国になることができるのか？
を明らかにしていきます。

2013年3月

谷本真由美

日本が世界一「貧しい」国である件について ● もくじ

CONTENTS

2章 ニッポン人の働き方はこんなにおかしい

3章 グローバル人材ってなんだ？

4章 文明未開の国——本当に「貧困」な日本社会

CONTENTS

CONTENTS

6章 2020年を生き抜くために

装幀　萩原弦一郎（デジカル）
図版作成　日本アートグラファー

1章

ニッポンはなぜ貧しくなったのか

「日本は素晴らしい国ではない」とみんな気づき始めてる

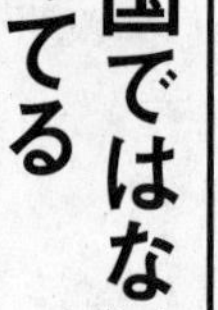

私は２０１０年にTwitterを始めました（アカウントは@May_Roma）。ネット好きで、ボーカロイドで作曲を趣味とする友人と個人的な連絡を取ったり、面白いサイトを紹介しあうために使い始めただけなのですが、日々思うことや冗談を投稿していくうちに、あっという間にフォロワーが5万5千人を超えてしまいました。

なぜかこんなツイートが大人気でした。

「日本の労働環境を変えて自分も幸せになりたいなら、居酒屋店員を虐めたり、ピザ配達人が五分遅れたことをなじったり、駅員を殴ったり、カスタマーセンターに対したことではないのに文句を言ったり、払ったお金の何倍もに匹敵するサービスを無理強いするのを、辞めて下さい。」（２０１２年3月21日4時52分：原文ママ）

「しつこいが正しい日本語の使い方を促進するため用語集を記す。ノマド＝個人事業者、零細自営、シェアハウス＝長屋、シェアオフィス＝事務所共同賃貸、スタートアップ＝中小企業、リーンスタートアップ＝金と人材極限まで削った零細、ローン＝借金、バンカー＝金貸し、コンサル＝営業」（2012年9月2日2時5分：原文ママ）

気がつくと、私の書き込みはTogetterというTwitterの書き込みをまとめるサイトに掲載されていたり、日本最大のネット掲示板である2ちゃんねるには、罵詈雑言《ばりぞうごん》から応援メッセージまで、私に関するさまざまなことが書き込まれているのです。私は実生活では地味な方なので、仮想空間でこんなふうに人様の注目を集めているというのは、なんだか不思議な感じなわけです（有名人でもない私をそんなに観察して何のご利益があるのかさっぱり不明なのですが、世の中暇な人が多いようです）。

フォロワーの方からはメンション（@：Twitterのつぶやきにつける宛名のようなもの）でコメントが飛んでくることがありますが、その多くは、仕事に関する悩みなのです。「私の悩みを聞いてほしい」「毎日残業で死にそうです」「仕事の契約が切れそうです」「介護が必要な親を抱えて働いています。先々どうすればいいのか？」という深刻な悩みや、「もっと言ってほしい」という「助けを求めるコメント」ばかりなのです。外国に住んでいる人や、日本に批判的な人々が大嫌いなはずのネット右翼の方々の中からも、最近では「あんたの言っていることは正しい」というコメントが飛んでくる有様です。あれだけ「日本は素晴らしい」と言っていたネット右翼の方々でさえ「何かがおかしくないか?」「なぜ俺の生活はこんなに貧しいんだ?」と思っているようなのです。

安田浩一《やすだこういち》さんが書かれた『ネットと愛国 在特会の「闇」を追いかけて』(講談社)を読むと、ネット右翼の多くは、普通のサラリーマンだといいます。彼らは自分のお金を出して、人種差別的な言論を繰り返す「在特会」の活動を支援しているようです。日本の労働環境の息苦しさや、本質的な意味での生活の貧しさに苦しんでいる人の多くは、1990年代後半以後に非正規雇用の職を得た20代から30代の方や、大学生のようですが、「在特会」を支援する人々や、ネット右翼の方々の多くも、リストラにおびえるサラリーマンや、月収20万円に満たない収入をやりくりして暮らす非正規雇用の人々なのかもしれません。そんな人々が、私に助けを求めてくるのです。ネットでは威勢良く「朝鮮人は出て行け!」「竹島を返せ!」と言っているのに、「仕事が辛いんです。悩んでます」とは何とも情けないものです。

私はこのような悩みやコメントに接して、日々、「なんだかなあ〜」と思っています。コメントを飛ばしてくる方や、直接知り合いになり相談してくる方の多くは「何々が嫌だ」「日本はここが問題らしい」「あの政治家が悪い」と、自分が直面している問題をまるで他人事のように語るばかりで、「俺はこうしたいんだ」「こうすれば良くなる」「俺はこれをやっている」という「私ならこうする」という意見も主張もないからです。私に相談をしてきて、まるで「私には責任はない。どうしたら良いかわからない。答えを教えてください」と言っているような調子なのです。自分の人生なのに、まるで塾でテストの答えを教えてくださいという生徒のようです。これが20代から30代の大人で、家庭を持っている人も含まれている、ということが、なんだか情けないわけです。

大の大人が誰かに何かを相談するのであれば、例えば、「私は今こういうことが嫌だと思っている。それを改善するにはこうしたら良いのではないかと思います。実行するにあたって明確になっていないのはこれとこれです。あなたはどう思いますか？」という「提案」や「自分の考え」を準備して、相手に「異なる意見」を求めるべきなのではないでしょうか。そして大人なら、よりよいアウトプットを求めて議論をするのが、時間の有効活用でしょう。ただ意見を聞いてもらうだけでは、何の生産性もないし、何も変わりません。

「Twitterで何度かそういうことを言ったら、今度は「私たちは日本ではそういう教育を受けていない。自分の意見がないのは、教育者や政府が悪いのだ」というコメントが送られてくるようになってしまいました。自分の問題はすべて他人の責任であり、他人事だという姿勢なのです。自分の問題を自分で解決しよう、という自発性がなく、何事においても「傍観者」。学級会で話し合いをしているのにもかかわらず、意見を言うわけでも、発言するわけでもなく、後になって「先生が悪い」「学級委員が悪い」と文句をいう小学生のような態度です。これが20歳を過ぎた大人なのだと思うと「なんだかな〜」です。

天下りが減らないのも、原発事故でさまざまな隠蔽《いんぺい》が発覚したのも、日本の人々の多くが「傍観者」に徹していて自発性がないことに起因するのではないでしょうか。自発性がないから、自分の問題を直視せず、何かを変えようという行動をとらないのです。自分のことだと思っていないから、大事な年金が意味不明なファンドに投資されようが、自分の町にどう見ても無駄な公共施設が建てられようが、気にしないのです。会社がどんな酷い労働条件を要求しても、自分のことだとは思っていないから、何も言わないのです。いつも、誰かがどうにかしてくれることを待っている。

いつまでたっても残業が減らず、労働環境や住環境が悪化する一方なのは、つまり、「自分の責任」なんです。

自分の生活をよりよくしたければ、まず自分の問題を分析し、「どうしたら良いのか？」と自分の頭で考えることから始めないといけないのではないでしょうか。しかし、残念ながら、日本の人には、「自分の頭で考えなければいけないんだ」という必要性すら、理解している人が多くはないようです。Twitterのようなソーシャルメディアを使いこなす人々は、比較的若く、ネットやコンピューターの使い方をよくわかっている「教育を受けている人々」のはずです。その「教育を受けているはずの人々」が、この調子なわけです。

日本は中国やアラブ諸国のように政治的発言が制限されているわけでもなく、表現の自由があります。もちろん、多少制限されているとは言っても、世界の多くの国とは比較にならない自由さがあり、裁判を起こすのにも、警察に犯罪の対応を頼むのにも、賄賂やコネはいらないのです。通信回線は世界最高レベルなのでネットも電話も使い放題で、先進国基準でも激安です。多くの国では電話回線を引くだけでも大変で、ネットの接続料は高く、接続品質は不安定です。例えばイタリアなんて電話回線を引くのに半年かかりますし、イギリスなんて長期休暇の時期には、自宅のインターネット接続がいきなり二週間ぐらい落ちてしまうことがあるんです。本屋はいたる所にあり、労働法でもプログラミング言語でも学び放題。テレビだって衛星放送をはじめさまざまなチャンネルがあります。外国に行くことだって自由です。日本のパスポートほど自由に世界各国へ入国できるパスポートというのはないんです。出国する時だって、旧ソ連の国みたいに、出国許可や役人への賄賂はいらないんです。

このように、自分で考えたり行動するための「道具」や「材料」は十分すぎるほどそろっているのに、今の日本の人の多くは、そのような「道具」や「材料」があることのありがたさが全くわかっていないようなのです。このように**恵まれた環境にあ**

る、ということがわかっていないことが、日本の人達の最大の不幸かもしれません。

日本は「豊か」だけど「貧しい」国

第二次大戦直後の日本は貧しく、東南アジア諸国よりも貧しいほどでしたが、めざましい経済成長を遂げ、世界第2位の経済大国、アジアで最も豊かな国という地位を保ってきました。現在30代以上の人は記憶にあると思いますが、１９８０年代の日本は世界を買い尽くすのではないかと言われたほど勢いがあり、北米をはじめとする先進国では「日本が世界を支配するのではないか」という「日本脅威論」が真剣に語られていたのです。アメリカやイギリスの大学や大学院には日本語を学ぶ学生が大勢おり「稼ぎたいなら日本に行け」が合い言葉になっているほどでした。今でもイギリスやアメリカで日本語を話す40～50代の人に会うと「当時日本ではずいぶん稼いだんだ

よ」と思い出話を語ってくれることがあります。テレビでは「24時間戦えますか」という健康ドリンクの宣伝が流れ、新しいビルやお店が次々に建てられていた時期でした。

その頃の勢いはなくなったとは言っても、日本はまだまだ世界を代表する経済大国です。GDP（国民総生産）は世界第3位。一人当たりの名目GDPは4万6千ドルを超え、欧州の主要国を超えています。国連の分担金負担率はアメリカに次ぐ世界第2位で（しかもアメリカは滞納している）、国連本部だけではなく、多くの国連専門機関は日本が分担金の支払いをやめてしまうと運営できなくなります。

2011年の東日本大震災の際、イギリスや欧州各国の政府や一般国民からは「日本は豊かな先進国で、自分の力で復興することが可能だ。これ以上金銭的な援助をする必要はないのではないだろうか。日本に募金するお金はもっと貧しい発展途上国の援助にまわすべきだ」という声が上がりました（Felix Salmon “Don’t donate money to Japan” http://blogs.reuters.com/felix-salmon/2011/03/14/dont-donate-money-to-japan/）。

このような声が上がったことを見ると、一般的な認識として「日本が世界中から豊

日本は“数字上では”豊かな国

図1 世界の名目GDPランキング

順位	国名	GDPの額（単位：10億ドル）
1位	アメリカ	15,094.03
2位	中国	7,298.15
3位	日本	5,869.47
4位	ドイツ	3,577.03
5位	フランス	2,776.32
6位	ブラジル	2,492.91
7位	イギリス	2,417.57
8位	イタリア	2,198.73
9位	ロシア	1,850.40
10位	カナダ	1,736.87

一人当たりの名目GDP（国民総生産）の推移

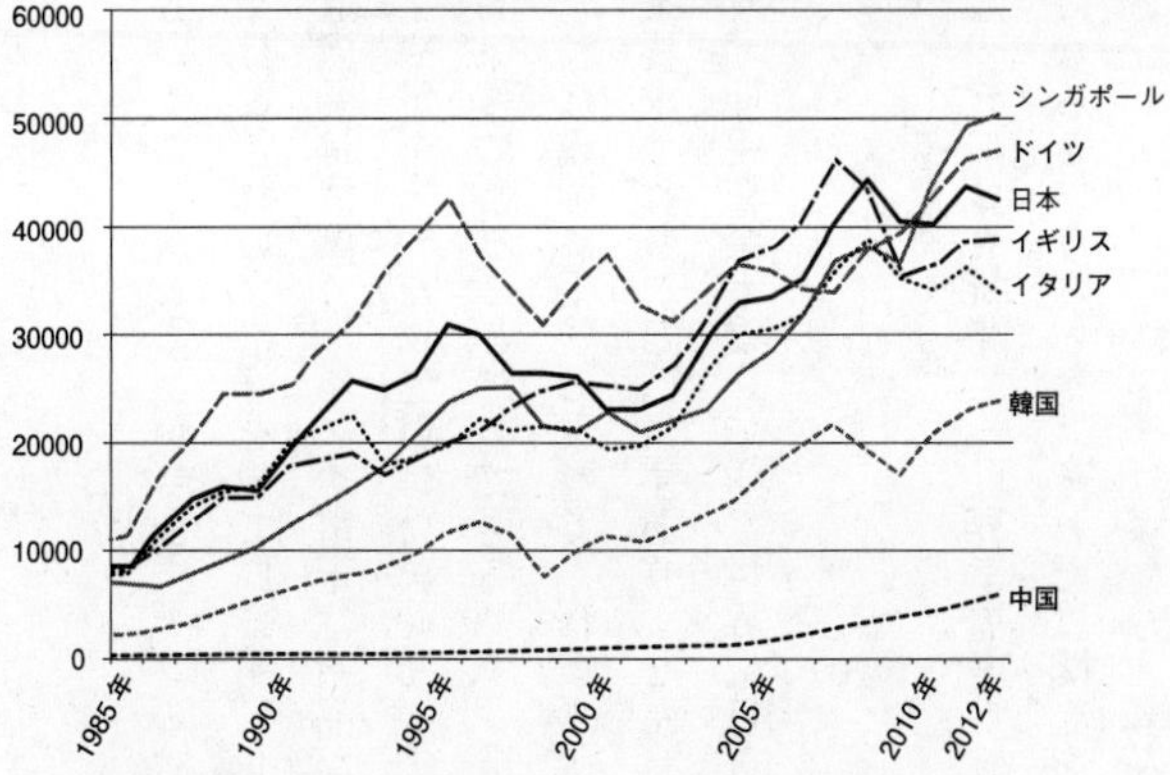

出典：上下ともにIMF― World Economic Outlook Databases（2012年4月版）

かな国だと思われている」ということがよくわかります。

日本で暮らしてみると、日本は豊かな国だということがよくわかります。ゴミ捨て場にはまだまだ使える物があふれかえり、人々はこぎれいな格好をしています。レストランやブティックは世界の最先端。公共交通機関は清潔で、バスや電車は新品なのが当たり前です。道路にはひび割れがなく、手や足を失った物乞いはいません。失業したり住む場所に困れば、生活保護などの公的保護に頼ることだって可能です。市役所の人は賄賂を要求するわけでもなく、質問すれば親切に相談に乗ってくれます。火事が起これば消防車が消し回り、警察に賄賂を要求されることはまずありません。公共施設はどこも新品同様で清潔に保たれており、使用料金も安いです。世界にはこんな国はあまりありません。

しかしこのように豊かな国のはずの日本では、テレビや新聞で「世界幸福度ランキング」がしばしば話題になっています。話題になるということは、それだけ関心を持っている人が多い、ということなのではないでしょうか。それもそのはず、日本人は世界で最も豊かな生活を送っているはずなのに、なぜか「自分は不幸だ」と感じている人が多いのです。それは統計をみても感じ取ることが可能です。先に挙げた世界幸福度ランキング――経済協力開発機構（OECD）が各国の国民の幸福度を測定する「より良い暮らし指標（Better Life Index: http://www.oecdbetterlifeindex.org/）」には「豊かなのに不幸だと感じている日本人」の実像が現れており、びっくりします。

この調査によると、日本人の生活満足度は34カ国中27位で、**先進国の中ではワースト3**です。一方で、犯罪に巻き込まれる確率が低いとして「安全」は1位。「教育」は2位で、学歴や一般庶民の読解力が高いことに満足している人は多いようです。つまり、「生活のレベル」には満足しているけれども、「生活の満足度が低い」と感じている人が多い、ということを読み取れます。どうも日本では、「物質的には豊かでも、心は豊かだと感じていない」人が少なくないようなのです（なぜか、このランキング、物質的には日本よりも豊かではない国の人の方が幸せに感じているようで、誠に興味深いのであります）。私が日本を「貧しい」と思う理由の一つはこの点にあります。

さらに、豊かなはずの日本では、なぜか、自殺者の数が飛び抜けています。生活レベルは高いのに、人生に絶望したり、仕事のことで悩んで自殺する人が少なくないのです。特筆すべきは、政府が発表した2012年版「自殺対策白書」の閣議決定を受けて、藤村修《ふじむらおさむ》官房長官（当時）は「若者の自殺が深刻化するという事態に至っており、対策を強化すべき」と関係閣僚に指示しています。日本では少子高齢化で若者の数が減っているにもかかわらず、若い人の自殺が増えているのです。

同白書によれば、15〜39歳の各年代の死因トップは自殺です。性別で見ると、男性は20〜44歳の死因トップが自殺となっていて、女性は15〜34歳のさらに若い世代で死因トップが自殺になっています。**若年層で死因トップが自殺となっているのは、なんと先進7カ国で日本のみ**なのです。そして、自殺の理由の多くは、中高年に多い「健康」や「家族の問題」ではなく、「仕事上の問題」となっています。同白書では、20代以下の若者の就職失敗による自殺が増加していると指摘されています。**前途ある若者が、仕事や就職のことで自殺してしまうのが日本なのです。**

私が今住んでいるイギリスでも、以前住んでいたイタリアでも、「就職できないから死ぬ」という人は聞いたことがありません。イギリスの場合、仕事がなくてどうしょもないなら国に公営住宅を手配してもらって福祉を受ければ良いし、イタリアの場合は、親戚や家族の所に厄介《やっかい》になればいいや、と考えるからです。仕事がないというのは生死を左右するような重要なことではないのです。

「遊び」を失った国――「ゆとり大国」イギリスの風景と比較して

イギリスやイタリアと日本の違いはなぜ生まれるのでしょうか？　私は、日本で「自分は不幸だ」と考えている人が少なくない理由は「実感的な豊かさ」――物質ではない豊かさ、「遊び」や「ゆとり」を感じることができないからではないかと思っています。

日本には物があふれていますが、生活には**「遊び」**や**「ゆとり」**がないように見えます。「遊び」とは、多少のことは真剣に受け取らず受け流すこと、笑いのセンスがあること、少々いい加減であること、失敗しても気にしないこと、人が間違っても許すことなどの「心の余裕」です。「ゆとり」とは、私的なことに費やす時間がある、生活のペースがゆっくりである、気持ちが穏やかである、などです。

日本では「この人はこうこうじゃなきゃダメや！」「何をやってはならん！」という、よくわからない「社会の掟《おきて》」＝「社会規範」があります。どこに書かれているわけでも、誰がはっきり言うわけでもありませんが、何となく決まっています。女子は大口あけて笑うな、課長は部下におごれ、町内会は絶対に加盟、運動会は絶対全員参加、体罰教師も許容しろ、肩書きある人は偉い、祭りは絶対やる、電車ではしゃべってはならん、物は買う前に食べちゃダメ等々。事細かにいろいろ決まっていて、それを破ると、なんとな〜く村八分になったり「奴は空気の読めないバカ」と悪口いわれ放題です。外国で育った人なんか、そんなのわかりません。で、ちょっと間違えると村八分ですから、陰湿なことこの上ない。どこにも書いてないんだから、そんなものわかるわけないのです。

しかも、掟はくそ真面目で、面白みもなく、なんでそれがあるのかもわからない。面白いからやろうという「遊び」、ちょっと間違ってもいいんでねという「ゆとり」

がゼロであります。本当にゼロ。大事なことなので繰り返しますが、ゼロ、です。いまだに頭の中は江戸時代の意地悪い田舎の農民と変わりません。村の掟は絶対、質問はダメ、破った奴は村八分していじめてやる。ああ、なんと心の貧しい人々でしょう。

私が生活したイギリスもイタリアも、一人当たりの名目GDPは日本よりも低いのですが、「非物質的な豊かさ」は高い国かもしれないと感じています。

例えば、今私が住んでいるイギリスの朝の通勤風景を紹介してみましょう。ロンドン郊外の比較的人口が多いベッドタウンから、ロンドンの主要駅までは電車で20～30分ぐらいで到着します。都内で比較するなら、吉祥寺《きちじょうじ》や三鷹《みたか》のような所という感じです。このベッドタウンの駅の周辺は、築100年近くの住宅がたくさん建ち並び、イギリスやキツネがやってくるような自然があふれています。公園やクリケットのグラウンドがあり、ハイキングコースもあるほどです。しかし不動産価格は都内近郊よりは安かったりします（それでも欧州においてはイギリスの不動産価格は激高だと言われたりするのでありますが）。人口は都内と同じように集中しているはずなのですが、通勤電車には適度な余裕があり、日本であれば、東京の郊外の通勤電車の朝10時から11時頃の込み具合といった所です（それでもちょっと込むと大騒ぎになるのであります）。乗車率は見た目70％程度。座っている人が多く、立っている人の方が少ないのです。

さらに、通勤ラッシュの時間であっても、杖をついた人、義足の人、自転車を抱えた人、乳母車を抱えたお母さん、電動車椅子にのった障碍者《しょうがいしゃ》の方が乗車しているのがごく当たり前です。私が毎日乗っている通勤電車には、銀色の義足をつけたサラリーマンの方がいます。パラリンピックの選手がつけているようなハイテク義足で、プロ級のサイクリングウェアに身を固め（半ズボンだから義足が見える）、スポーツ用の自転車を抱えています。

この義足の方や、乳母車を抱えたお母さんや杖をついた人がいると、同じ車両に乗っているサラリーマンやサラリーウーマンの皆さんは、にこりと微笑んで、自転車や乳母車のスペースを空けたり、杖をついた方の荷物を持ってあげます。「今日は寒いですね」「素敵な色の乳母車ね。どこで買ったの？」などと会話するのも普通です。お互い知らない人同士ですが、ちょっとおしゃべりする余裕が朝からあるわけです。皆さんロンドン中心のさまざまな業界で働く忙しい勤め人のはずですが、「仕事に行くのが面倒だなあ」と思う朝であっても、見ず知らずの人と会話したり、配慮する

「心の余裕」があるわけです。リーマンショック後、景気が決して良いわけではないのですが、顔つきも心なしか明るいのです。

イギリスでは定時で上がるサラリーマンは少しも珍しくなく、夏や冬は休暇を二週間ぐらい取得するのは普通です。病気になれば有給休暇とは別に病欠があります。このような働き方だから、体が疲れておらず、通勤電車の車内でも見ず知らずの人ににこやかに対応できるのかもしれません。

そして電車は遅れるのが当たり前です。なぜ遅れるかというと、電車や線路が古いために信号や線路が故障するからです（線路は明治時代の物を使っている）。お金がもったいないので、インフラを新しくしないのです。無理をして走らせると事故が起こる可能性があるので、遅れても安全運行です。お金の節約のために新しくしないことは乗客も知っていますから、遅れても駅員に文句を言いません。駅員さんにプレッシャーをかけても、安全運行が妨げられるだけですし、電車が速く走るわけではありませせん。確かに、その駅員さんに怒っても、故障がなおるわけではありませんから、至極真っ当な考え方であります。

ちなみに、イギリス人も最初からやる気がありませんので、電車が遅れると、

「あ〜皆さん、紳士淑女の皆様、あ〜、現在、あ〜、運転手を捜しております」

「あ〜紳士淑女の皆さん。運転手が今こちらへ歩いております。もう少々お待ちください。今日は運転手が足りません」

「あ〜あ〜紳士淑女の皆さん、幸運なことに運転手が到着しました。ちなみに電車が遅れた理由は、信号機の故障であります。ハバナイスデー。グッバイ」

というような説明が入ります。寝坊して遅れたとか、人が足りないとか、身もフタもなく言ってしまうわけです。

遅れて激怒しているのは大抵アメリカ人なのですが、「おいおい、いい加減にしなさいよ」と周囲に揶揄されるのは鉄道会社ではなく、そのアメリカ人なのです。そもそも、誰も命に関わるような仕事をしているわけではないので「まあ、遅刻は当たり前のことだ」と少々の遅れは気にしないわけです。取引先や会社の上司もこのようにのんびりした調子なので、遅刻したからといって怒ることはありません。少々の遅れで業務に支障が出るというのであれば、それは仕事のやり方がおかしい、というわけです。ちょっと目から鱗《うろこ》が落ちるような考え方です。余裕を持たせない仕事の計画が

悪い、というわけです。

私自身、日本の会社に通い、満員電車で通勤通学している時は片道だいたい2時間でありました。実家より原チャリで駅まで向かい、駐輪場に駐車して、電車に乗り込みます。電車は大抵ギューギューで足が床から浮いていることも。女子高生だった時は人と人の隙間でオーケン（大槻《おおつき》ケンヂ氏）やナンシー関《せき》氏の本や、『BURRN!』や『スピリッツ』や『SPA!』や『宝島』を読み（時々こっそり実話誌とか週刊現代）、大学生になるとPHSやガラケーの画面を見て（当時はスマフォなんかなかったのですよ。年齢がバレますが）、おっさんのポマードの臭いに吐きそうになり、若かりし頃は謎のサラリーマンに太ももをナデナデされるということもあり（ああ、今はさっぱり）、会社から帰る頃には前後不覚で違う電車に乗り神奈川県の山奥に行ってしまい駅名が読めないとパニックになったり、泥酔の末、駅で寝てみたりしたこともございました。台風で電車が止まり、中に2時間閉じ込められたこと、サラリーマンが血だらけで殴り合いしているシーンにも何度も遭遇いたしましたねえ。今となっては、まるでタイタニック遭難時の風景を語る老婆の心境でありますが。というわけで、一応サラリーマンの「痛勤」儀式をすべて経験しているのであります。

それとは正反対と言える通勤の楽さや、通勤客の穏やかさ、少々の遅刻はどうでもいいと思っているのんびりさにふれると、これこそが「実質的な豊かさ」なのではないか、と感じることがあるのです。朝から会話を楽しむ「遊び」の心、ちょっとの遅れや、人の失敗を許せる「ゆとり」。イギリスの駅には日本のような便利な売店はありませんし、電車もいい加減を通り越して「時間通りに来たことがないから最初から期待しない」乗り物なのですが、物があふれていても、イライラした人に囲まれて通勤するのと、「遅刻？　まあ当たり前だからね」とのんびりやっている人々に囲まれて通勤するのと、どっちが楽しいかなあと思うと、私は後者だと思うのです。

日本の貧しさが指摘され始めたのはいつからか

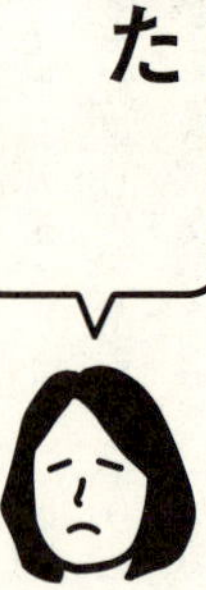

日本の「実感的な豊かさの低さ」は、私が高校生だったバブル崩壊直後の20年ぐら

い前に指摘され始めたことです。バブル絶頂期の１９８９年に出版された暉峻《てるおか》淑子《いつこ》氏の『豊かさとは何か』（岩波新書）では、バブル末期の日本の「ゆとりを犠牲にした豊かさ」が指摘されています。この書籍は私が高校生の頃、現代社会の指定図書だった書籍なのですが、当時はバブル崩壊直後で、日本はまだまだ景気がよい頃でした。高校生のアルバイトの時給が千円を超えるなんて珍しくなく、就職先は山のようにあり、氷河期という言葉が使われるようになるとは夢にも思わなかった時代です。

このバブル期には、日本の勤労者の残業時間は西ドイツより年間５５０時間も多く、イギリスと比べると２２０時間も多かったのです。１９７４年に比べ日本人の残業や休日出勤の時間は実に2倍になっていました。さらに同書では、１９８０年代半ばには、不動産価格が高騰し、通勤に1時間半から2時間かかる人が当たり前になり、長い通勤時間や残業で、睡眠時間や家族と過ごす時間を削る人が増え、ストレスから体を壊す人が増加したと指摘されています。当時から日本人の生活には余裕がなく、働き方はメチャクチャだと指摘されていたにもかかわらず、なんと20年以上たった今も、状況はあまり変わっていません。

先に挙げた経済協力開発機構の「より良い暮らし指標」では、日本人の仕事と生活の調和の評価は34位と最下位であり、仕事と私生活のバランスがとれず、私的なことに使える時間が少なすぎる、と答えている人が多いのです。この不景気にもかかわらず、日本では週50時間以上働く人が多く、これは先進国の中で突出しています。実際の労働時間はこれより遥《はる》かに長いかもしれません。また同調査は、「日本は教育費や住宅費が高額なため人々は働くしかない。日本の親達は仕事と家庭生活のバランスを保つことが大変難しいと感じている。若い人は職場での働き方、住宅費や塾の費用などのコスト、社会規範から大変な抑圧をうけているため、結婚したり子供を持つことを遅らせる人が少なくない」と指摘しています。「社会規範からの圧力で不幸になっている」というのは、外国の調査にさえ指摘されているのです。さらに、調査参加者の70％の人は「健康に問題がある」と答えています。OECD平均では30％なのに、であります。同調査は「働き過ぎは勤労者の心身にさまざまなストレスを与え、病気の原因になる」と指摘していますが、日本で自分は不健康だと答える人が多い理由は、労働環境が厳しすぎるから、というのが原因の一つかもしれません。

経済の悪化による非正規雇用の増加も「実質的な豊かさの悪化」に拍車をかけているようです。小倉一哉《おぐらかずや》氏・周燕飛《しゅうえんぴ》氏・藤本隆史氏による『雇用の多様化の変遷 1994―2003』(労働政策研究報告書 労働政策研究・研修機構)では、企業が非正規雇用労働者を雇用する理由に関する調査を行ないましたが、雇用の理由は「人件費節約のため」との回答が最も多くなっており、次に「一日・週の中の仕事の繁閑に対応するため」「景気変動に応じて雇用量を調節するため」などが続いています。非正規雇用者を景気の調整弁として雇用することで、人件費を抑制する企業が増えているのです。

非正規雇用労働者の増加は、バブル期以上に「実質的な豊かさを感じられない人」を増やしているようです。バブル期は時間的なゆとりのない人が多かったのですが、ここ最近は、時間に加え、経済的なゆとりを感じられない人も増えているのです。社会経済の変遷と日本における結婚の実態を研究した『結婚の壁 非婚・晩婚の構造』(佐藤博樹《さとうひろき》・永井暁子《ながいあきこ》・三輪哲《みわさとし》編著 勁草書房)によれば、日本では30代後半で異性との交際経験のない人が、男性で10%、女性で5%にものぼることが指摘されています。これは30年前の未婚率に相当するのですが、アルバイトや派遣等の非正規雇用に従事する人が増えたことが未婚率の増加と関係していると指摘されているのです。雇用が不安定で次々と異なる職場に行かなければならないので、結婚相手との出会いがないばかりか、経済基盤が不安定なので、結婚に踏み切れないというわけです。結婚したいのに経済的な問題や仕事の不安定さが原因で相手がみつからない、家庭を持つという選択をできないことは、「ライフスタイルを選択できない」という貧しさを表しています。

日本人が案じている幸福度やOECDの「より良い暮らし指標」を見ていると、日本人が感じる「実質的な豊かさ」は、「実質的な生活の質が低い低い」と言われていたバブル期の日本よりも、低下しているように思えます。20年前から「豊かな生活を送ろう」と言っている人は大勢いたのに、なぜこんなことになってしまっているのか、誠に不思議です。

落ちぶれてゆく国と向き合おう

かつて「大英帝国」として世界の4分の1を手中にした経験を持つ、「落ちぶれた」国であるはずのイギリスは、今は物質的な豊かさでは日本ほど恵まれていませんが、何事にもゆとりを重視し、「無理をしない」国であります。仕事も無理がない程度にしかやらないのです。せっせと働く人や、上昇志向が異様に強い人は「ちょっと、あいつダサクね？　熱いよね？」と裏でいわれるのです。こんな調子なので、仕事はだいたい間違いだらけなのですが、間違えるのが基本なので、誰も怒るわけでもなく「まあ仕方がない。人間は間違えるのだ。はーっはははは」と開き直っています。

この具体的な例は、2012年夏に開催されたロンドンオリンピックを巡る騒動でありましょう。

●オリンピック警備員採用忘れてました事件

政府がG4Sなる民間の警備会社に1万人の警備員の採用と管理を外注したが、採用をすっかり忘却。G4S曰《いわ》く「システムに問題があった」。政府側は外注の状況を誰もチェックしておらず、オリンピック二週間前に発覚。仕方ないので急遽《きゅうきょ》アフガニスタンからイギリス兵を空輸してなんとかごまかした。G4Sの社長は「兵士を呼ばなければいけないというのは非常に残念な事態であります」と弁明。政府の大臣は「外注ではよくあることで誠に普通です」と回答

●勝手にミサイル設置してみました事件

オリンピック前にスタジアム周辺の民間住宅に軍が勝手にミサイルを設置し、兵士が勝手に24時間態勢でミサイル発射準備。発射方向はスタジアム。怒った住人が「聞いてないよ！」と激怒し訴訟開始。政府、「セキュリティ上仕方がないから我慢すべき」と怒る

●オリンピック会場に行くバスが迷った事件
オリンピック会場に行く標識がイマイチ不明で、某国の選手団を乗せたバスが会場付近で4時間以上さまよい迷子に

●ヒースロー空港からの高速道路に実はヒビが入ってました事件
オリンピック二週間前に高速道路にヒビが入りまくり崩落の危機だったことが発覚。なんとか突貫工事で直してごまかす

●チケットが余りまくってよくわからない状態になってしまった事件
オリンピック観戦チケットを販売したにもかかわらず、なぜか開始後、観客が入らずガラガラの試合が続出。「チケットを割り当てられた関係者の家族がこないからだ」「システムがおかしい」と弁明。しかし席が埋まらないので、兵士を座らせて席が埋まっているように見せかけてみました

●ケーブルカーが立ち往生

鳴り物入りでロンドンに設置されたエミレーツ航空協賛のケーブルカーがオリンピック開始後いきなり故障し立ち往生。別の意味で大有名になる

他にも書ききれない数の「騒動」があったわけですが、イギリス人は「うわ！　またか！」と驚く反面、激怒するわけでも、理由を追及するわけでもなく、「お笑いのネタ」にして大喜びしておりました。このオリンピックを巡る騒動を見ると「ドジっ娘《こ》さんでも生きていける落ちぶれたユトリ大国イギリス」の真相が見えてくるわけです。

そもそもオリンピックは「祭り」であり、いろいろ騒動はあったものの「人様が死ぬとか、そういう重大な事態ではないし、まあ、仕方ないね、いいではないか、ただの祭りなんだから」、という「ゆとり」があるわけです。「理由を追及しても仕方がないじゃん。うまく行けばいいんだから、何とかする方法を考えようよ。追及するのが野暮じゃないかい。ま、ネタとして面白かったよね、オリンピックの騒動は」なので

す。そして「間違った理由追及するのすら面倒だわ〜、だるいわ〜、自分の家族との夏のバカンスの方が大事だからどうでもいいのよ〜」という人が多かった、というわけです。

この「人様が死ぬとか、そういう重大な事態ではないし」という態度は、落ちぶれたがゆえに悟りの境地に至ったという「イギリスという国の本質」ではないのか、と思うのです。何事も真剣にとらえず、笑いのセンスで応対する。すなわち、それは、人生を楽しみ、些細《ささい》なことは無視し、本質を重視し、いつも人生の明るい面を見よう、という「イギリス的悟りがもたらした豊かさ」のように思えるのです。オリンピックの閉会式では、イギリスが誇るお笑いの巨匠である、モンティパイソンの「Always Look On The Bright Side Of Life」という歌がでてきましたが、この歌こそ、落ちぶれた大国であるイギリスの「枯れ方」をうまく表している歌だと思うのです。どんなに落ちぶれても、どんなに悲惨でも、人生とは喜びであり、常に楽しい部分を見ていこう、それこそが大事じゃないか、楽しいこと以外は些細なことで重要なことではないだろう、というメッセージです。

このイギリスの枯れ方は、イギリスがかつて大国であったが、その後落ちる所まで落ちた、という歴史と関係があるのではないでしょうか。イギリスも日本のように激しく労働していた頃があります。産業革命の頃は児童を労働させたり、労働者を徹底的に搾取《さくしゅ》していました。そういう歴史を経て、いったんは凄《すさ》まじく豊かになり、世界の7つの海を制覇する大国になりました。しかし、第二次世界大戦を契機に、イギリスはどんどん落ちぶれ、1980年代にはどん底を経験します。ストの連発でゴミが路上にあふれ、国中が停電。社会不満が鬱積《うっせき》し、暴動が起こる。北アイルランドのテロリストはイギリスで爆弾テロを起こし、一般の人や政治家が殺されます。当時の首相であったサッチャーさんも殺される所でした。イギリスがどん底の頃に、何とかしようということで、サッチャーさんが労働組合をつぶしたり、金融ビッグバンをやって、なんとかイギリスを復活させますが、大国だった頃の姿には遠く及びません。

イギリスはこんな歴史を経ていますから、豊かになっても、物質的な豊かさは長く継続することはなく、必ず終わりがくることを、体感的に知っているのでしょう。キリスト教の国のはずなのに、まるで仏教の諸行無常を理解しているようです。そして、無理をすると、必ず何らかのしっぺ返しがくることを知っているから、仕事も私生活も「ゆとり」を持たせ、無理をしないのでしょう。**物やお金は朽ちるから、家族や時間、友人などを大事にしなくてはいけない、仕事は生活の最優先事項ではない**というのを、体験からわかっているのです。

残念ながら、日本が今後バブルの頃のように豊かになる可能性はありません。日本には老人が増え、若年人口は減る一方です。産業の競争力は衰え、仕事も減っていく一方でしょう。建物も道路も十分すぎるほどです。日本はこれから成熟した「枯れていく国」になっていくのです。若者のように、明け方まで遊んだり働いたりするのは無理になりますが、熟年や老年には若者とは違った働き方、違った生き方ができるはずです。そういう働き方、生き方を、「枯れ方の先輩」であるイギリスから学ぶという方法もあるかもしれません。

これ以上目をそらすなニッポン人！

日本はもはや競争力がある国ではないということを自覚しておく必要があります。スイス・ローザンヌの国際経営開発研究所ＩＭＤ（International Institute for Management Development）が、毎年一回発表する世界競争力年鑑ランキング（IMD World Competitiveness Yearbook）は、政府の効率性、企業の効率性、経済状況、インフラの主要4項目で各国の「競争力」を評価し指標として発表しています。調査には主要国家・地域の政府統計と実業界に対するアンケート調査を組み合わせたインプットを使用しています。

２０１２年の結果を見ると日本はなんと世界の27位なのです。1位の香港や上位を占める北欧諸国とは大きな差がある上、日本に比べたら落ちぶれているはずのイギリスにも大きな差がついています。オリンピックは間違いだらけ、仕事が大嫌いな落ちぶれ大国イギリスよりも競争力がないとは、なんたることでしょうか。１９９０年代の初めには日本は10位以内に入っていたことを思うと、信じられない凋落《ちょうらく》ぶりであります。

高い競争力を保つシンガポールや香港は、日本と同じく資源も土地もなく、頼れる物は人材だけであり、イギリスのようにかつて植民地を持っていたわけではありません。日本との違いは、経済を世界に開き、外国人や外国企業を誘致し、外国企業やさまざまな国の人達がビジネスをしやすい環境を整え、グローバル化する経済を味方に付けてきた点です。なぜ、資源がなく小さな国であるシンガポールや香港、北欧の国々が競争力を保つことが可能だったのでしょうか。自分達の頭で一生懸命考えたからです。政府の施策に文句があれば、「このようにしろ」と要求したり、提案を出してきました。これらの国々の若い人やビジネスマンと話すと、政治や経済に関して大変な興味を持っており、学生でも堂々と議論ができるのです。政治的な問題があればデモや討論をやります。テレビに時々映る香港の政治デモの激しさに驚く日本人は少なくないのではないでしょうか。自分達の未来を真剣に考えているからこそ、激しい主張や議論を繰り返すのです。その上、シンガポールや香港と同様、競争力ランキング上位の国々は、毎日残業で、プライベートな生活がないような暮らしはしていないのです。そのような生活ができる理由は、個々が自発的に考え、真剣に議論したり、自分の人生を考えているからです。

日本人は、日本が競争力を保ちつつ、よりよい生活レベルを達成する方法を考えてきませんでした。バブルの頃から何の反省もしておらず、なんの行動もとってこなかったのです。20年以上も「日本は豊かではない。わたしら不幸」と言って「悪いのは政治家と学校の先生と政府」と誰かのせいにしてきたのです。

何も考えず、人のせいにばかりしてきた結果、謎の社会の掟に縛られた社畜たちにあふれ、弱者に手を貸さず、若者が自分の未来に絶望してどんどん自殺する、精神的にも非常に貧しい国になってしまったのです。

そろそろ、悪いのは、「何も考えてこなかった自分達自身だ」という「現実」に真剣に向き合わなければならないかもしれません。なにせ、あの仕事が大嫌いでいい加減なイギリスよりも、競争力がない国になってしまったのですから。

2章

ニッポン人の働き方はこんなにおかしい

私の「これまで」について

私は経歴から帰国子女だと誤解されることがあるのですが、生まれも育ちも日本であります。生まれは都内まで1時間程度の関東の住宅地です。京浜工業地帯のど真ん中にある地域なので、近所には家電製品や自動車の下請け工場が並んでいました。道路を行き交うのは部品や資材を運ぶ大型ダンプカー。地元の人のほとんどが同じ系列の会社で働いています。地方からでてきた人が多く、異なる方言や習慣を持つ人々が、70〜80年代の高度成長期時代に豊かになり、家を持つ年齢になって私の育った町に引っ越してきました。

私の親の世代は団塊世代なので、その町の大人のほとんどは猛烈サラリーマンです。同級生の多くは、父親に会うのは深夜か週末だけ、その週末も休日出勤や接待でつぶれてしまう、というのが当たり前でした。周囲の誰もがそうやって働いていたから、疑問を持つ人は誰もいなかったのです。

私はその町で育って、大学まで日本で過ごし、大学を卒業してからすぐにアメリカの大学院に進学します。大学院では国際関係学と情報管理学の二つの修士号を専攻しました。在学中はワシントンDCに事務所があるロビイスト（顧客の依頼でアメリカ議会や政治家、大手マスコミなどに対する交渉や広報活動を行なう、別名黒い国際広告代理店）や、ネットメディア業界でインターンシップを体験しました。

卒業後アメリカに残ろうかとも思いましたが、父が倒れたため急遽《きゅうきょ》帰国し、ソフトバンクという会社でインターネットビジネスの企画をやったり、コンサルティングファームで情報通信や電子政府に関するコンサルティングに携わります。アメリカに留学していた時の専攻が情報管理学で、ワシントンで当時のアメリカの電子政府政策やネットビジネスの動向を調べていたので、コンサルティングファームでは主に海外事例の調査などを担当していました。

その後、たまたま日経新聞の求人広告に出ていた国連専門機関の求人に応募したところ、情報通信分野で応募する日本人は珍しかったらしく「ぜひいらっしゃい」ということで、採用され、ローマに赴任することになります。家庭の事情でその国連専門機関を離れた後は、いったん日本に戻り、ある欧州系の金融機関で情報システムサービスのサービスレベル管理に従事しました。２００８年からはロンドンで情報システムの品質管理やプロセス改善、内部統制に関わっています。

ワシントンＤＣでも、ローマでも、東京でもロンドンでも、同僚のほとんどは日本人ではありませんでした。ここ10年ほどは自分が職場でたった一人の日本人か、日本人がものすごく少ないという、非日本的な組織で働いています。ロビイスト時代は、ボスやマネージャーがアフリカや南米に長年住んでおられた元外交官や軍人で、顧客の多くはワシントンＤＣという土地柄を反映して大変多国籍でした。国連専門機関の場合は１５０カ国以上から集まった人が同僚です。欧州系金融機関は多国籍企業なので、日本にオフィスがあっても同僚はさまざまな国の人です。現在いるロンドンも人種のるつぼですので、本当にさまざまな国出身の人に囲まれています。

日本企業から「外」に出てわかったこと

さて、日本では、仕事に関して以下が当たり前のこととして信じられています。

- **仕事はすべてに優先する**
- **滅私奉公は当たり前である**
- **家族や友達関係を仕事に優先するのは社会人失格である**
- **会社に貢献するのは当たり前である**
- **期待される以上のことをやるのが当たり前である**
- **労働は「道」であり自分の心を磨く「修業」である**
- **まじめに働くのが当たり前である**

ところが、日本の外では上記のようなことを言ったら「あなたは頭がおかしいのではないか？」と言われます。それは、**日本の外では「労働は生活の手段にすぎない」と考えている人が大多数を占めるからです。**

このことは、日本の外からも内からも指摘され続けてきたことではありますが、私の実体験から、アングロサクソン圏のアメリカやイギリス、カナダのような「日本人が想像する典型的な『外国』だけではなく、イタリア、フランス、ベルギー、スペインのような欧州圏、チュニジアやアルジェリアのような北アフリカ圏、ボツワナやレソトのような南部アフリカ、ボリビアやウルグアイ、ブラジルのような南米圏、台湾や中国のようなアジア圏、インドやパキスタンのような南アジア圏、カザフスタンやウズベキスタン、ロシアのようなユーラシア圏でも同じです。キリスト教の国、イスラム教の国、土着信仰の国、元共産圏、最貧国、豊かな国、芸術の国と、どの国も宗教も文化も異なります。私は仕事や留学を通してさまざまな国の人に接してきましたが、そのどの国においても「家族や友達より仕事」「仕事で自分の心を磨け」という国はなかったのです。

労働はあくまで家族を養ったり、より豊かな生活をするための「手段」である、という人が大半です。

どの国の人であっても、豊かだろうが貧しかろうが、どんな階層であろうが、まず優先しているのは「自分の人生」であり「自分の家族」です。

例えばボリビアのように、経済的に貧しい国であれば、仕事の数自体が少ないので、その国のエリートであっても長時間仕事をすることがあります。仕事を維持したり、仕事自体を得るのに競争が激しいのです。しかしそれでもその目的はあくまで「家族に豊かな生活をさせること」です。長時間とはいっても毎日朝2時とか午前様まで仕事をする、ということはありません。そんなことをしていたら家庭生活を維持することができませんし、自分の体や心が壊れてしまいます。

先進国であるイギリスやアメリカでも、例えば金融業界や法曹界などの「エリート」階層は、日本の管理職など真っ青になるほどの激務です。朝は早朝からオフィスに出向き、夜はピザをかじりながらオフィスで遅くまで仕事します。しかし、週末は休みますし、夏は少々長めの休みを取ることがあります。

またこういう働き方をする人は、莫大《ばくだい》な金額の「報酬」をもらっています。「報酬」の金額はその人のたたき出した成果によります。売り上げの金額であったり、トレーディングで稼いだお金の金額であったり、開発した製品が獲得したお客さんの数であったりします。要求される成果は大変厳しいので、それに応えるために長時間働いているだけです。決して残業代を稼ぐために長居しているわけではありません。また過激に仕事するのは短期で、家族を持つようになると、時間を短縮したり、転職したりして、仕事のやり方を変える人が少なくありません。仕事はあくまで家族や自分の生活を豊かにするための手段にすぎないからです。会社のために働いているのではなく、自分や自分の家族のために働いているのです。

一方で、イギリスやアメリカにもこのような激務をしないサラリーマンや公務員、自営業者がいます。そこそこのお給料をもらい、激しい競争はしないでまったりと暮らしています。大学の職員や老舗企業の事務職、データセンターのオペレーターや技術者、教員などがこのような人々にあたります。仕事は定時上がりで、よほどのことがない限り残業はしません。イギリスやアメリカであっても、夜昼かまわず働くエリートサラリーマンや弁護士よりも、こういう「普通の勤め人」の方が多いのです。

この人たちにとっても、仕事は家族や自分の生活を豊かにする手段です。残業などもってのほかです。仕事は自分と家族の生活のためです。

お金の好きな中華圏の人々は、労働に対してシビアですが、自分が得られる賃金や職業履歴以上の労働はしません。自分の働いた分のお金をもらうというのはまともな正論です。サービス残業や無償労働は馬鹿げています。労働というのは自分の時間や体力や知識を相手と交換してお金に換える活動ですから、中華圏の人々の考え方は、ごく正常なものだと言えます。

やはり「労働は生活を豊かにするため」なのです。

古来、人間は自分や家族を食べさせるために狩りをしたり農業をしてきました。貨幣経済や流通、生産手段が発達すると、こんどは服を作ったり、機械を作ったり、物を書いたりして、それをお金と交換して、家族を養う家を手に入れたり、食べ物を手に入れたりしてきました。こう考えると日本の外の人々が考える「労働は自分と家族を養う手段」という考えは、人間が生きていく上で、ごく基本的なことのように思えます。

「社会や地域に貢献し自分の存在感を確認する」という「自己実現の手段」として仕事をする人々もいます。給料はそこそこで良いが自分のやりたいことをやっている人、非営利団体で仕事をしている人、ある程度資産があるので、食べていくための仕事はしない、という人です。こういう働き方をする人を、英語圏では「ライフスタイルジョブ」と呼びます。お金のためではなく、自分の生き方として仕事を選んでいる人々です。しかし、こういう人々の働き方も、「仕事を通して自己実現する」＝「自分の心が満たされる」＝「心が満たされると豊かな生活を送ることができる」であり、「会社のため」「地域のため」ではありません。あくまで自分の生活や心が主体であり、自分が豊かな生活を送るためなのです。

社畜、サビ残、過労死……仕事で死ぬ必要はない

「仕事は生活の手段にすぎない」「仕事は自分と家族のため」と考える外国の人からすると、「社畜」と呼ばれ、毎日毎日無償残業が当たり前、身も心も会社に捧《ささ》げてしまい、日々上司やお客さんの酷い仕打ちに耐えている日本のサラリーマンは全く理解ができない存在となります。

彼らが日本のサラリーマンの生活を知ると、

- なぜ労働の正当な対価を要求しないのか？
- 奴隷ではないのになぜあんな労働をしているのか？
- 日本は豊かな国のはずなのに、なぜ「社畜」という言葉が発生するほど労働環境が貧しいのか？
- 日本は法治国家で裁判官を買収しなくても裁判ができる。なぜ雇用主を訴えないのか？
- なぜ誰もサービス残業代を請求しないのか？
- なぜ辛い仕事なのに辞めないのか？
- なぜ家族は「そんな仕事は辞めなさい」といわないのか？
- なぜ周りの人は助けないのか？
- なぜ経営者や管理者は自分の労働環境も良くしようと思わないのか？
- 日本では社員は家族だと言われているが、家族というより奴隷ではないか？
- なぜ暴動が起きないのか？
- なぜストライキをやらないのか？

・なぜ怒らないのか？
・なぜ自分のやりたいことをやらないのか？
・なぜそんなにドリンク剤や健康食品が必要なのか？　そんな物を随時とらないとやっていけない仕事とは何なのか？
・なぜ病気になっても仕事に行くのだ？　病気になる前になぜ休まないのか？

と疑問だらけになるのです。

実は、上記の疑問はすべて、私の外国人同僚やボスに過去質問されたことです。日本のビジネスパートナーやお客さん、政府などが、真夜中や明け方にメールを送ってきたり、とっくに家に帰っているはずの時間なのに電話会議をやろうと言ってきたりします。仕事を依頼すればすぐに反応があり助かるのですが、どうも、夏休みも冬休みも取っている気配がない。

そこで私が「日本では年中無休で働いているのだ、サービス残業という無償労働が当たり前でみんな夜遅くまで会社に残っているのだ、それで怒って会社を訴える人はいないのだ」と説明すると「嘘《うそ》に違いない」と言って上記のような質問をしてくるのです。外国人同僚の多くは日本で仕事をするまでこれらを信じません。日本で日本人と一緒に働いてみて、やっと理解するのです。

働きすぎて死んでしまう「過労死」も外国で大有名です。「カローシ(karoshi)」として辞書にも載っているほどですし、時々新聞の三面記事に「世界びっくりニュース」として掲載されます。

そうです、日本の外では「カローシ」はしゃべる電子レンジや、幼女のパンツ付きの雑誌や、こんにゃくゼリーが喉《のど》に詰まって亡くなる人、のような「びっくりニュース」扱いなのです。「カローシ」するような人がいる国は「ネタ」だとしか思われていないのです。

日本は景気が悪いので今時死ぬ人はいないだろう、と思っていたところ、ワタミで若い従業員が自殺し、労災(=過労死)と認定された事件が報道され、海外でも注目されました。

私の外国人同僚の多くはこのニュースを聞いて「そもそも家族がなぜ止めないのか? なんて冷たい家族なんだ。日本は餓死するような国でも、空から爆弾が降ってくる国でもないだろう？　気候も温暖だ。食べ物も豊富だ。社会保障もある。監禁されていたわけではないから、会社に行かなければすむだけの話ではないのか。意味がわからないよ」と呆然《ぼうぜん》としていました。この人達には、世間体や次の仕事がないかもしれないという「恐れ」のために、仕事を辞めるに辞められないブラック会社の「カローシ」寸前の人の頭の中が理解できないわけです。

繰り返しますが、彼らにとって仕事は人生における一部にすぎません。手段であり目的ではないのです。人間の生きる意味は仕事ではないのです。しかし、日本ではその手段が目的になってしまっている。全く理解ができない、というわけです。

日本は失業率80％の国ではありませんから、仕事は探せばあります。アフガニスタンやスペインやコンゴに比べたら仕事は豊富なのです。そして、そもそも、多くの人が近代的な都市で生活を送る日本で、なぜ日本の人がギリシャの田舎の農民のように「世間」＝「人様の目」を気にするのかが、意味がわからないのです（ギリシャは日本に似て、人様の目を気にする国）。「カローシ」のことを聞いて、この外国の人達は「ブラック会社に勤めているから仕方ない。かわいそう。経営者が酷い」とは思いません。「理解ができない」「辞めない自分が悪い」、と考えるのです。

会社を訴えない日本人

さらに、海外の先進国の人達が理解できないのが、日本ではなぜそういう酷い会社が制裁を受けないのか？　ということです。

海外、特に先進国で過労死するまでの働かせ方をしたら、死ぬ前にまず、従業員が会社を政府に訴えますから、従業員は死ぬことはありません。その前にさっさと会社を辞めてしまいます。そして会社を訴える準備をします。労働実態の証拠が出退勤記録として残っていますし、同僚や出入りの業者、お客さんの証言などで十分な証拠があるので、訴えられたら企業は莫大な賠償金を支払わざるを得ません。何千万円ではなく何億円、酷い場合は何十億円というレベルの賠償金です。政府は企業が悪いことをしないように高い罰金を徴収するのです。

ずいぶん厳しいなあと思われるかもしれませんが、先進国の政府は、企業は利潤追求組織なので時に悪いこともする、そこに介入して労働者を守ったり、市場が正常に働くようにする、という「政府の役割」を忠実に実行しているだけなのです。決して特別なことをしているわけではありません。政府による監視や懲罰が機能しない日本がおかしいのです。

また、訴えるなんておっかないなあ、と思う人がいるかもしれませんが、法治国家である先進国では、自分の権利を主張することは当たり前です。もちろん国によって、訴えの数は違いますし、受け身な国民の多い国であれば、訴訟はそれほど多くはありません。しかし、日本に比べたら、はっきりと自分の意見を言いますし、納得しない状況に関しては戦うのです。それは、法治国家として、ごくごく当たり前のことです。

日本で実際にどんな酷い労働が行なわれているのかは、2012年にルポライターの古川琢也《ふるかわたくや》氏、若者の労働問題を考えるNPO法人「POSSE」事務局長の川村遼平《かわむらりょうへい》氏、アジア太平洋資料センター事務局長の内田聖子《うちだしょうこ》氏らが立ち上げた「ブラック企業大賞」に不名誉にも輝いた企業の事例をみるとよくわかります（ブラック企業大賞：http://blackcorpaward.blogspot.jp/）。

例えば、インターネットの天気予報サイト「ウェザーニューズ」を運営するウェザーニューズ社。天気予報センターで働いていた試用期間中の気象予報士が、ひと月に最大232時間の時間外勤務を強制され、試用期間明けの本採用を断られたことを苦に自殺しています。

また、「すかいらーく」「ガスト」などを経営する大手外食チェーンの株式会社すかいらーくでは、店長職にあった当時48歳の男性が2004年に過労死しました。午前3時に帰宅して午前6時半に出勤するような酷い勤務を強いられ、上司からは「嫌なら辞めろ」「コジキになれ」などと暴言を浴びせられていたといいます。彼の死後、「再発防止に努める」として遺族と和解しましたが、2007年に再び過労死事件が起こりました。しかも店長職を非正規化し、より不安定な雇用で働かせていたことも発覚しています。これらはおそらく、氷山の一角の事例でしょう。私のツイッターアカウントに寄せられる仕事の悩みにも、酷い事例が散見されます。

しかし、私は思うのです。皆、なぜ心や体を壊すまで我慢しているのでしょう？

こんな酷い働かせ方をしたら、欧州であれば、労働法違反だけではなく、欧州人権条約違反として訴えられてしまいます。そんなことになれば、大企業であれば、欧州全体を巻き込んだ大事件になるでしょう。企業のイメージが下がり、大規模な不買運動が起こるでしょう。企業の経営者は人でなしの犯罪者、というレッテルを貼られ、新聞や雑誌やネットで批判されるでしょう。

日本の外ではこれが当たり前なのです。過労死するまで我慢したり、会社を訴えない日本人の方が異常なのです。

過労死するほどの労働があり、法治国家として政府の介入がまともに実行されない国の多くは、先進国ではなく、独裁国家や発展途上国です。企業を訴えたら本人が暗殺されてしまうこともありますし、法がしっかり機能していませんから、裁判に訴えてもしょうがないのです。独裁者が何でも自分で決めてしまうこともあります。裁判官が買収されていることも珍しくありません。法律だってころころ変わります。そういう国では企業や政府を訴えたり、労働条件の改善を希望するのは難しいです。

労働は、あくまで自分の時間や体力や知力を相手に「販売」し、「対価」としてお金を受けとる「活動」にすぎません。働いた分の報酬をもらうという「取引」なのです。ヤフーオークションで自分が持っているCDなり雑誌なりを売って、買いたいという人から、その物の価値にあったお金を受けとる行為と何ら変わりがありません。コミックマーケットで魔法少女やボーイズラブの同人誌を売るのと変わりません。ですから、死ぬまで働くとか、無償で働くというのは、誠に馬鹿げたことなのです。こう考えると、海外の人達が言っている「仕事は自分のため」「仕事は家族のため」というのは至極まともな考え方なわけです。

日本の貧しさの根本的な原因の一つは、やはり日本人が社畜的な働き方をやめないことにあるでしょう。無理な働き方をするため私生活がなくなり、家族と過ごす時間がなくなって家庭は崩壊し、精神や体を病むのです。そのような働き方が会社に強制されてきたという背景もありますが、何かが変わることを他人に期待し、自分では何も行動をとってこなかった日本の人々の態度や考え方に問題があるはずです。

日本のサラリーマンは高校の政治経済の授業や大学の経済学の授業で、経済学の基礎を学んでいるはずですが、「労働者は資本家に労働力を売って賃金を受け取る」という基礎の基礎を忘れてしまっている人が多いようです。

死ぬまで働くなど本当に馬鹿げたことです。私たちは、古代エジプトの奴隷ではないのです。社畜化している日本のサラリーマンは、一度、フリーマーケットで物を売ったり、ヤフーオークションで物を売って「取引とは何のことか？」というのをおさらいしてみる必要があるでしょう。

役者や歌手などの有名人が、家族の病気や死に目に会うことを犠牲にしてでも仕事に打ち込むことも、海外からは異常に映ります。例えば歌舞伎役者さんや歌手の方が、家族の死に目に立ち会うことを犠牲にしても公演を続行したことを「素晴らしい」「プロだ」「それでこそ役者根性だ」と「絶賛」します。メディアだけではなく、観客やスタッフも絶賛するわけです。

公演を休んだりしたら、「金を返せ」「穴をあけるのか」と大騒ぎになるでしょう。控えの役者や代理の人がいてもです。メディアは「歌舞伎役者の何々はプロとしてなってない」と叩《たた》く記事を掲載するでしょう。

日本ではこのような滅私奉公が美徳とされます。一般人でさえ、子供や家族が病気であるにもかかわらず、休まずせっせと仕事に来る人が「偉い」と言われ、「立派な人だ」と称えられます。「子供の具合が悪いから3カ月長期の休みを取ります」などと言ったら「あいつはやる気がない」「舐《な》めてんのか」「社会人としてなってない」という罵詈雑言が飛び交います。労働者として当然の権利である有給休暇ですら、そうした他人の目を気にして取りにくいのです。酷い会社だと、復帰した後に左遷されたり、閑職に追い込まれてしまうでしょう。

これは日本の外からすると異常なのです。私は日本で親の死に目に会えなかった役者さんや、家族の病気を我慢して働いていた会社員が絶賛されるという話をイタリアやイギリス、フランス、ボツワナ、ナイジェリアなどさまざまな国の人にしてみましたが、いずれも「信じられない」という意見でした。

他の国では優先するのは家族です。先進国であれば、よっぽど酷い職場でない限りは、病気の家族の看病をできるように職場で仕事の量を調整したり、臨時の人を雇います。

家族の誰かが危篤であれば「すぐに家に帰りなさい」と職場の人皆が言うのが当たり前です。私もイタリアにいる時に祖母が危篤になりましたが、周囲の誰もが「すぐ帰りなさい。帰ってくるのはいつでもいいから」と言いました。同僚は空港まで送ってあげるよと言いました。

今まで経験した職場でも、奥さんが病気なので2年ほど休職していた男性課長、お父さんの具合が悪いので看病のため週に何回かの勤務にしているマネージャー、自分自身が病気のため1年休職していた人などが当たり前のようにいました。仕事に関してはどこもシビアではありますが、そういう厳しい立場にある人に無理強いするということはあり得ません。いつ自分がそういう状況になるかわかりませんから、お互い様なのです。

さらに、イギリスや大陸欧州では従業員に良い就労環境を与えることは会社の義務でもあります。家族の危篤や病気なのに、「働け」「帰るな」などと言ったら、それこそ人権問題になってしまい、訴訟を起こされてしまいます。マネージメント（経営管理）とは、そういう従業員の不測の事態にも対応できる体制や人員を確保して仕事をやり繰りすることであり、それをするのが、管理者や会社の仕事なのです。そういう対応をできない管理職や会社は「マネージメントとして不適格」と言われてしまうのです。

病気や事故、家族の危篤など、大変な状況の時に人を責めたり、働かせたりするのは、最も恥ずかしいこと、弱い者いじめだと考えられています。競争が激しい職場であっても、弱い立場にある人を支えるのが当たり前なのです。弱い者いじめが当たり前の環境では、誰しも楽しく働くことができません。楽しく働くことができない職場の生産性は下がります。

日本で美徳とされていることは、単なる弱い者いじめに、我慢大会だとしか思えません。「私も不幸な経験をしたからあなたもしなさい」「一人だけ楽しくやるのは許しません」という底意地の悪い不幸の押しつけにすぎないのです。その底にあるのは、妬《ねた》みの感情です。前向きではないのです。この「不幸の押し付け合い」から脱出しない限り、日本では個人の幸福を実現することは不可能でしょう。

ブラック企業より刑務所の方がマシだと海外にもバレてる

このような日本の労働実態は、実は海外ではよく知られています。日本の「カローシ」や猛烈な働きぶりは70年代から先進国や発展途上国でニュースとして取り上げられてきました。先進国の経済学者、経営学者に官僚は、日本の景気が良かった頃に

は、日本の組織の経営手法や生産性を熱心に研究していました。大学の日本に関する講座は大盛況で、経営学部や社会学部では日本の企業や社会構造、文化などについての講義が行なわれ、猛烈に働く日本人の考え方や組織の仕組みを大勢の学生が学びました。雑誌や新聞には日本に関する記事があふれていました。バブル最盛期には「ガン・ホー」「ライジング・サン」などのハリウッド映画で日本人サラリーマンの猛烈な働きぶりが描かれました。あれが冗談ではなく「普通の働き方だ」ということを知って、多くの人が驚愕《きょうがく》したのです。「カローシ」や働き方に関する記事のほかに、日本のサラリーマン家庭が崩壊していること、子供が塾に通い、遊ぶ時間がないことなども報道されてきました。

80年代後半のバブル期から、日本に住んだり、日本の組織で働く外国人も増えました。日本企業は世界中に拠点がありますから、現地で雇われる従業員の数は大変なものになります。日本に留学してきてアルバイトとして働いたり、日本で就職する外国人も増えました。研修生制度で日本にやってくる外国人も大勢います。そうした日本で働いたことがある人の中で、「ブラック企業」が多いとされる飲食業や、製造業の現場などに従事した人は、日本では二度と働きたくない、という人が実は少なくないのです。日本人の働き方に感心する人もいることはいますが、常識を逸脱した労働時間、払った費用以上のサービスを要求する「お客様」、いじめにしか思えないシゴキ、無償労働や社内イベントへの強制参加などにあきれているのです。

日本の「お客様」の中には、払った費用以上のサービスを要求する人が少なくありません。会社や店を経営する側は、それに応えるために、従業員に無理な労働を要求します。ですから、ただのアルバイトであっても、常に気を張りつめた状態で、もらっている給料以上の仕事をこなさなければなりません。しかし、そういう要求されているサービスというのは、実は本来は必要ないものであったり、お客様のワガママであったりするのです。

例えば、日本の居酒屋さんや小売店での過剰な挨拶《あいさつ》や、物を袋にきっちりつめるサービスなどは、お客さんが支払う料金を超えたサービスであり、そんなサービスがなくても、お客さんは別に困らないのです。外国の人からすると、なぜ日本の「お客様」はあんなに無礼でも許されて、働く方や経営者は文句を言わないのか、となるわけです。働く方は守られない仕組みになっているのです。

外国の人が日本で働く間に目にする光景も、日本の不思議な働き方の象徴です。電車やバスがたった10分、15分遅れただけで日本では大騒ぎになります。ホームやバス停では駅員さんやバスの運転手さんを怒鳴りつける人が何人も現れて、駅員さんはお客さんに平謝りしています。しかしいくら文句を言っても謝っても、電車が速く走るわけではないのです。そして、そのぐらいの遅延で地球がひっくり返るとか、どこかの会社が倒産するという大事にはなりません。外国の人は、駅員さんがかわいそうと思います。遅延はその人の責任ではありませんし、遅延しても、安全に運行する方が大事ではないかと思うからです。

事務系の仕事の場合、日本ではパワーポイントや資料に（実は必要ではない）データや文章がみっちり入っていないとか、ホチキスの場所が違うと文句を言ってくる人がいます。でも、細かい部分はディスカッションなどに関係ないし、ホチキスの場所が違っても読むことができれば問題ないのですから、外国の人には文句を言う意味がわかりません。事務系の仕事であっても、本来必要なことや本当に重要なことを無視して、細かいことばかりにこだわる人が多いから、働く方は大変なのです。そういうことへの対応に身も心もすり減ってしまいます。

その上、日本では無償奉仕の残業が当たり前で、休暇すらとれず、家族の顔すら見る時間がないのです。これでは自殺したくなる人がいるのは当たり前です。

日本で働くのに比べたら「刑務所の方がましね」と言った外国人の知り合いがいます。確かに、刑務所の方がましね、というコメントには一理あります。刑務所ではさまざまな自由は制限されますが、勤労は一日8時間を超えませんし、休日もあります。お客様にいびられることはありません。通勤もありません。食事は質素ではありますが、手作りで、添加物満載のコンビニ弁当ではありません。これは刑務所の中の食事について書いている堀江《ほりえ》貴文《たかふみ》さんの書籍（『刑務所なう。』文藝春秋）を読むとよくわかります。付き合いの飲み会やゴルフもないから至極健康的な生活であります。時々映画会などの行事があります。大部屋の他の囚人に殴られたりすることもあるかもしれませんが、お客様に怒鳴られながら一日18時間労働するのに比べたら、健康的で人間的な生活かもしれません。

また、私には日本で就職した外国人の友人や、奥さんや旦那さんが外国人という友人がいますが、日本に家族がいない人は日本に見切りをつけて、もっと労働条件の良い国へ移民したり、国に帰ってしまいます。特に新興国出身の人は、今や母国に戻った方が給料は良いし、労働条件も悪くないですから、日本に残る理由がありません。日本の外に出てしまえば、本質を無視して細かいことばかりに文句をいうお客さんや、払った費用以上のことを要求してくる人はいませんから、夕食までに家に帰ることが可能です。

確かに日本のサービスや製品は精巧で繊細です。でも日本で実際に働いた人達は、**「あそこじゃお客になるのはいいけど働くもんじゃないよ」**と口コミで「日本の労働実態」をさまざまな人に伝えているのです。

このように、払った費用以上の労働を要求したり、何でも細かくて完璧性を求めたり、そもそも従業員の待遇が悪い日本の労働環境、実は日本にとって自分の首を絞める大問題であります。日本は2050年には人口の半分ぐらいが65歳以上の「超高齢化社会」になります。高齢者の中には痴呆の人も少なくありません。総務省の人口統計によりますと、平成13年3月末で256万人だった要支援・要介護者数は平成23年3月末現在で506万人となり、この10年間でほぼ2倍に増えています。介護が必要な高齢者はだいたい全体の15%ぐらいです。厚生労働省の統計で考えてみると、なんと2050年には人口の8%ぐらいが介護が必要な高齢者になってしまう、というわけです。これは物凄い数です。介護というのは基本的に福祉サービスで利益を生む仕事でも、外国からお金をもらえる仕事でもありません。介護サービスの費用というのは、今は9割から8割が国から出ています。1割から2割は利用者の負担です。でもそれでも介護が必要な人には足りないサービスです。重労働なので日本国内でなかなかやりたがる人がいませんし、お金を生むサービスではないので値段をつり上げるわけにもいきません。高い費用を払える人は多くはないので仕方ないわけです。そうなると、安いお金でも重労働してくれる、日本よりも物価が安い国の人を連れてきて働いてもらうことになるわけですが、労働環境が悪かったり、やれ、礼儀がなってない、細かいことがダメだと文句を言われてばかりでは、来てくれなくなってしまいます。他の先進国でも、賃金が安い上、一生懸命やってくれる介護人は大歓迎です。しかもアメリカやカナダやイギリスであれば英語が通じてしまう。日本は通じないから仕事がやりにくいんです。結果、労働環境を悪いまま放置しておくと、日本人が不幸になるばかりか、外国から人に来てもらえない、という困った事態になるわけです。

さらに、日本の人口がどんどん減って、働く人が減るとします。しかし、会社も生産する機械や建物はあるので、物を作って外国に売って稼ぎたいと思ったとします。サービスする規模を減らしたくありません。そこで、足りない分を外国から働いてくれる人に補ってもらおう、と思っても、労働環境が悪かったら誰も来てくれないわけです。今や世界はグローバルで、他にも真面目に働いてくれる上、能力ある人はウェルカムな国はたくさんあるわけです。

日本は自分で自分の首を絞めているといえるのです。

（参考）厚生労働省「介護保険事業状況報告（年報）」http://www.mhlw.go.jp/topics/kaigo/toukei/joukyou.html

日本企業の「人付き合い地獄」

海外と比べると、日本企業の「変だなあ」という点に気がつきます。日本は工業国

であり、生活レベルが世界屈指の先進国なのにもかかわらず、**仕事の「結果」よりも「人間関係」を重視する点です。**「常識を逸した労働時間とそれを普通だと思っている人が多い」ことも、「人間関係を重視する」ことが理由なのでしょう。

制度的に強制しているわけではないのに、働いている人みんなが申し合わせたように残業をします。ある意味ボランティアです。そして、仕事がないのに、おしゃべりをしながらダラダラと会社に残っている人もいる。仕事をして結果をだすためではなく、同僚や上司との関係性を深めるために、長時間会社にいるわけです。

そして日本では、世界的に名前の知れた多国籍企業であっても、机は島のようになっていて、従業員も管理者もお互いの顔や書類が丸見えです。島になっていればいつでもおしゃべりすることができるし、誰が何を食べているか、机に何を置いているか、誰と電話で話しているか丸見えです。仕事の成果よりも、「何をやっているか」「どんな人か」わかる方が重要なわけです。これらを知ることは、その人との関係性を深めるのに役に立ちますが、一方で、その人の成果には関係がありません。その人の趣味やしゃべっている内容は、成果に比べたら、「ノイズ」(雑音)でしかないわけです。

さらに、島になっていると、誰が何をやっているかわかるから、「ねえねえ飲みにいきましょうよ」と飲みのお誘いがかかると、なかなか逃げることができません。行かないと「付き合いが悪い冷たい人」と思われてしまいます。したがって、仕事が終わっているのにもかかわらず、同僚や上司の飲み会につきあわされ、夜遅くまで仕事の愚痴や人様の悪口につきあわなければなりません。夜帰るのは遅いのに、翌朝も出勤しなければなりませんから、週末には疲れ果ててクタクタになってしまいます。島状態の机も飲み会もやめてしまえば仕事の効率があがるということはわかっているのに皆変えようとしません。

先進工業国の日本は、製造業の現場などでは効率的な品質管理で世界をリードしてきました。おしゃべりや人柄、飲み会に来たかどうかは、サービスや製品の品質や、成果には関係がないはずです。しかし、仕事の現場では相変わらず「人柄」や「馴《な》れ合い」が重視されている所が少なくありません。働き方に至っては、相変わらず非効率でダラダラしているわけです。日本が生み出してきた製品と、働き方の非効率さを見ていると、なんだかバランスがとれていない気がします。

先進国であっても人間関係を重視する国だと、日本のように公私の違いがはっきりせず、だらだら付き合い残業したり、仕事場の同僚に私的なこと（例えば姪っ子に仕事を紹介してほしい）をお願いしたりする土地もあります。例えば、南部イタリアやスペインやギリシャは日本に似ています。同僚と昼食に行ったり、旅行に行くことも珍しくありません。職場によっては日本のように冠婚葬祭の際に同僚からお金を集めたりもするのです。仕事において大事なのは「感じが良いかどうか」であって、結果ではありません。いくら結果を出す人でも「感じが悪い」と同僚から疎《うと》まれてしまいます。さらに、誰さんの息子だ、誰さんの嫁さんの息子の従兄弟だという「血縁関係」や「地縁」の有無も重要だったりします。それが田舎町だけではなく、けっこうな大都会でも重要だったりするのでびっくりします。

しかし、こういう仕事のやり方をしてきた「結果」を説明する必要はないでしょう。皆さんもニュースなどでご存知のように、スペインは若者の60％近くには仕事がなく、政府は破綻寸前です。イタリアも失業率が高く、コネがなければ仕事がありませんので、高い教育を受けた若者の多くはドイツ、イギリス、オランダ、カナダなどに出稼ぎに行きます。スキルがない若い人は就労許可が必要ないイギリスなどEU

圏内の国で、飲食店の従業員や店屋の店員など、時給いくらの仕事をしています。それでも、イタリア国内で無職でいるよりはマシだからです。

私の知人のIT技術者であるイタリア人の若者も、オランダやオーストラリアで働いています。国内だと、スキルがあっても仕事がないのです。きれいな服を着て高級車に乗っているイタリア人は、公務員だったり、実家が商売をやっている裕福な人達や、たまたま待遇の良い企業での仕事にありついた人達です。ギリシャ政府のお財布の状況を説明する必要はないでしょう。ギリシャでもコネがなければ公務員などの待遇の良い仕事にはありつけませんし、国内に製造業や競争力のある金融業などの仕事はありませんから、やはり海外に出稼ぎに行く若者がいます。ですから、怒った若者が暴動を起こしたりするのです。

一方、アングロサクソン系の多国籍企業や、アングロサクソン文化の影響を受けた大陸欧州系の多国籍企業（母体がフランス系やスイス系、スペイン系でも、大規模な多国籍企業化している組織はアングロサクソン系の文化に近いです）では仕事のやり方が違います。オフィスは島になっていることもありますが、個室になっている所もたくさんありますし、各自の机を壁で仕切って小部屋状態になっている会社、かなり背の高い目隠しで仕切っている会社などが珍しくありません。こんなオフィスで寂しくないのか、おしゃべりはどうやってやるのか、と日本企業出身の人がびっくりしていたことがありましたが、職場はおしゃべりする所ではないですから、特に問題はないのです。用事があればその人のオフィスや机に出向いて話せばすみます。仕事時間中は自分のやっていることに集中してしっかりと成果をだし、休み時間には、自動販売機のあるコーナーや社員食堂、カフェなどで同僚や上司とおしゃべりすれば良いのです。各自の仕事の目標は数値化されていて、誰が何をやるのかははっきりと決まっています。人様の仕事を勝手に手伝うということはありえません。ですから自分の仕事が終われば家に帰ります。時には同僚と飲みにいくこともありますが、日本のように週に何回もということはありえません。評価されるのは飲み会の回数ではなく、あくまで仕事の成果だからです。また、上司の家族のお葬式や引っ越しを部下が手伝ったり、冠婚葬祭の費用をみんなで負担するということもあまりありません。それは仕事には関係がないことだからです。お香典を出してくれても、仕事の成果が伴わないのでは困ってしまいます。成果がない人は首になったり契約を終了するだけです。

そして、上司や同僚はあくまで仕事をするための仲間であって、友達ではありません。友達になってしまったら、緊張関係がなくなってしまいますから、仕事で良い結果を出すことはできなくなるでしょうし、部下に何か問題がある場合や、不正を発見した場合、上司や同僚はその人を処分することが難しくなります。さらに、仕事の成果ではなく、その人の人となりや、友達かどうかで評価をしていたら、公平性がなくなってしまいます。優秀で仕事のできる人は公平性のなさに嫌気がさして会社を辞めてしまうでしょう。優秀な人が辞めてしまうようでは、会社の業績に大きな影響が出てしまいます。アングロサクソン系の多国籍企業では、公平性を確保するために、縁故採用を厳しく禁止したり、仕事の成果をなるべく数値化して明確にするようにしています。仕組みを整えることで、公平性を確保し、効率的に働くことができるような環境を「設計」しているのです。

こういうアングロサクソン系の組織のすべてが成功しているわけではありませんが、このような仕事のやり方をするアメリカやオランダ、イギリス、ドイツなどの組織にさまざまな国の人が集まっていること、画期的な製品やサービスを世に送り出している組織は少なからずアングロサクソン系の組織であること、そしてそれらの組織は、前述したように「結果重視の仕事のやり方をしている」という点には注目してもよいかもしれません。日本の組織がバブル後イマイチなのは、イタリアやスペインのように仕事のやり方が「馴れ合い重視」であり、成果や目標の設計方法や評価方法がイマイチであることに理由があるかもしれません。

会社にいてもスキルが身につかない「一流企業」

日本の組織では、仕事とは結果を求めるのではなく、人間関係を円滑にすることで進めていくものなので、各自に求められるスキルや与えられる役割がはっきりしません。90年代に日本でも能力評価型の人事管理制度が導入されましたが、前述のように、職場での仕事のやり方は、70年代や80年代とそれほど変わっていない、というのが実態ではないでしょうか。能力評価型の人事管理制度も、形骸的なものになってしまっている会社がたくさんあります。そのような状況ですから、日本ではいまだに少

なくない数の職場で専門分野に特化した「専門家」よりも、何でもできる「何でも屋さん」が重宝されます。「何でも屋さん」の方が重要ですから、組織も各自の専門性を高めるような訓練はしませんし、働いている人もそれを求めず、何となく仕事をしていきます。それで回っていた頃は良かったのですが、物事が複雑化し、グローバルな規模で仕事が回っていく現在では「何でも屋さん」では対応できないことが増えています。

例えば、私の専門分野であるIT業界はそれが最もはっきりしている分野の一つでしょう。技術は複雑化していますから、相当専門性の高い人でないと仕事をすることができません。例えば、システムに障害が出た場合、修理する人は、そのシステムの構造や、システムによっては開発言語に精通していないと、何が問題なのか、どうやって修理するのかがわかりません。

専門性がないなら外注すれば良いと思っている人もいるかもしれませんが、技術者に仕事を頼むのにも、「何を頼むのか」がわからなければ、注文をすることができません。実態は素人である「何でも屋さん」が専門家に注文をだすと、見当違いな内容をお願いしてしまったり、提供される成果物の出来具合や料金が適正なのかどうか、調べることすらできません。注文する際に、「これとこれを提供してください」という「要件定義書」(注文書)を書くことができないわけです。さらに、自分は素人ですから、専門家の資格や専門分野が何なのかすら、精査することができないわけです。ですから、見当違いの注文を出してしまったり、高いスキルを持った技術者の賃金を無理矢理値切って、業者にそっぽを向かれてしまう、ということが起こります。

日本の組織では、「要件定義書」が書けなくても、雇う専門家の専門性をお客側が精査できなくても困りませんでした。「なあなあの関係」で長い付き合いのある業者に丸投げすれば、特に専門性がない担当者でも何とかなったからです。日本の外注業者さんは、気の利く人が少なくありませんから、人間関係を壊したくないがために、契約書に書いてあること以外もやってくれますし、そもそも契約書なしで仕事している人も少なくありません。

ところが、日本の外に出たら「私は何でも屋さんです」と言っていたら仕事になりません。例えば、イギリスやアメリカ、文化がアングロサクソン化している大陸欧州の組織、アングロサクソン系組織とのやり取りの多いインドの会社などは、業者の方もお客に専門性があることを想定しています。お客がきちんとした注文を出してくることが、仕事する上での前提なのです。業者は契約書に書いてあること以外は一切やりません。仕事とは、サービスと対価の取引にすぎませんから、無償奉仕はしないのです。お客と業者は、お金とサービスをやり取りする対等な関係にあります。

私はこういう環境で日本式に「業者に丸投げ」をやってしまったために、大失敗した日本の組織を知っています。日本側の担当者は日本の大企業でしか働いた経験がなく、さまざまな分野を短期間で渡り歩いていた「何でも屋」さんでした。大学での専攻もその分野ではありません。その方の性格は穏やかで人柄は良く、知性に問題があるわけではありません。ところが、業者側や、海外の関係者の間では、その担当者があまりにも見当違いな注文を出してくるので「あの人は頭がおかしいのではないか」と真剣に議論していました。その担当者に重要な仕事を任せた会社の上層部の決定にも懐疑心を抱き「こんな会社は信用できない」と辞めてしまう人もいたほどです。専門性のある海外側の担当者は自分の能力が評価されていないと激怒し、会社に訴訟を起こしました。

ところが、会社側も日本人担当者側も特に悪気はなく、ただ単に、従来のように「業者さんに投げれば何とかしてくれるだろう」という感覚で仕事をやっていたにすぎなかったのです。業者側も海外側も、日本にそんな慣行があることは知りません。事情を知る日本人が「日本ではこうやって仕事をするから、それは珍しいことではない。悪気はないんだよ」と何度も説明をしますが、事態はどんどん悪化してしまいました。会社側と日本人担当者は何がどうなっているのかわからず、業者や海外の担当者に対して「あいつらは性格が悪い」と怒ってしまい、火に油を注いだ状態です。結果的にプロジェクトは大失敗しました。

海外での人材評価方法

働く人個々に専門性があることが「前提」になっている土地では、人を雇う時も、社歴を見るのではなく**「何ができるか」「いくら貢献してくれるか」を見る**わけ

です。会社がやりたいこと、その人を雇ってやってもらいたいことがはっきりしていますから、ある能力や実績を持った人を探してきて、「市場価格」で雇います。お願いすることがはっきりしているので、プロジェクト単位で雇うことも珍しくありません。

そのように専門性がある人の実績は、「与えられた目標に対してどのぐらいできたか？」と評価します。例えば、あるアングロサクソン系多国籍企業に勤務するジョンさんの目標と実績の評価は以下のようになります。

・ジョンさんはネットワークサービスを提供してくれる業者の管理の専門家です。
・今年の四半期に、ジョンさんは15社の業者と契約書を改訂しなくてはいけません。
・締め切りは何月何日です。ジョンさんは締め切りまでに10社の契約書を改訂しました。
・改訂できなかった契約書5社のうち、3社は地震と政府の規制の変更が原因でした。3社と契約を改訂できなかったことは、ジョンさんの努力不足が理由ではありません。

・よって、今期のジョンさんの目標達成率は80％です。
・約束した目標達成率は75％ですから、約束通りボーナスを払います。
・ボーナスは会社の増加した売り上げを全部の従業員の数で割った金額です。

このように、目標値は「何個」「いつまでに」というふうに定量化して、企業によっては他の人にも公開して実績を評価します。営業職のように数値で実績が出やすい業務でなくても、工夫すれば目標値を数値化することはできるわけです。研究職であれば、いくつ論文を発表した、プロセス改善の専門家であれば何個のプロセスを改善した、プロジェクト管理者であれば何個のプロジェクトを期日以内に終えた、というふうに目標を立てることができます。

こういうふうに目標を立てると、各自の仕事の目的は、「自分の専門知識や経験を生かして、会社と約束した目標を達成すること」になるので、締め切りや目標に間に合うように仕事をこなせば、残業する必要も、無駄なイベントに参加する必要もないわけです。さらに、「人柄が良い」とか「協調性がある」といったような「曖昧《あいまい》で主観的な評価」は目標になりませんから、仕事の成果物で評価してもらうことが可能になります。結果さえ出せば良いのですから、大変公平な評価方法だと言えるのではないでしょうか。

しかし、このような評価方法は、働く人に専門性があることを前提としています。働く人が「アイドルとアニメソングと演歌とブラックメタルと文房具も扱うレコード屋」ではなく、「ノルウェーのブラックメタルバンドに特化したCD専門店」でなければならないのです。仕事を専門にあわせて個人個人に分業しますから、できなかった人の結果は丸わかりになってしまいます。例えば、「ノルウェーのブラックメタルバンドに特化したCD専門店」であれば「A店はブラックメタルのあの系統のバンドの作品はすっかり抜けている。プロの仕事じゃないな。でも、B店はあの系統もそろってるし、しかも、どの作品にも手書きの背景説明やバンドメンバーの犯罪歴まで解説してあるんだ。どの教会に放火したかまで書いてある。俺がいくならB店だね」となります。このような比較を、事務系の職種や専門職に置き換えるわけです。

事務系や専門職であっても比較ができる理由は、アングロサクソン系の組織では、事務系や専門職の給料やスキルレベルが、業界横断的にある程度カタログ化されているからです。何々の資格を持っており、どの程度の規模のプロジェクトをいくつぐらいやった経験何年の何さんの給料はだいたいいくら、と業界標準が決まっています。業界団体により体系化されている場合もあれば、業界で自発的にそのような体系化が進んでいる場合もあります。そのように大まかな給料やスキルが公開されていますから、誰かを雇うときは、その体系を目安に給料を決めれば良いわけです。スキルや資格、経験年数が評価の基準ですから、国籍や性別、年齢は関係がないわけです。

日本でも中途採用を頻繁にやる業界や組織では、そのような体系がありますが、終身雇用が前提のような組織だと、そんなものがあるとは知らない人が多いようです。以前、イギリスでの技術者の雇用を相談された際に「このスキルのこういう人だと給料はだいたいこのぐらいで、このサイトに公開されています」と紹介したらびっくりされたことがあります。

最近では、新興国の組織も似たような仕組みで組織を運営しています。幹部の多くがアメリカやイギリスなどのアングロサクソンの国で教育を受けて、組織運営のやり方を学んでいるからです。

「世界基準」では評価されない日本人が大半を占める！

残念ながら、日本企業でキャリアを積んできた人は、このような仕組みで回っている組織には雇ってもらえません。日本企業には、自分の意志とは関係なくさまざまな部署をたらい回しにされてきたために、30代、40代になっても「これが私の専門です」と言えるスキルを持っていない人が少なくありません。専門があります、とは言っても、社内でしか通用しない専門だったりします。資格に至っては、日本国内でしか通用しない資格です。仕事に関して人様に言えるのは「何何企業で働いています」だけです。一歩日本の外に出れば、そういう人が雇用される仕組みにはなっていないわけです。一流企業に勤めても専門性が身につかないので、仮に自分の会社が外国の会社に買収されたり、日本に仕事がなくなって他の先進国で働かざるを得なくなっても、「これが私の専門です」と言えるものがないために、仕事がみつからない、という状況になる可能性があるのです。

働く人の専門性を重視する国では、比較的若い人であってもある程度の専門性があります。まず就職する時は、自分の専攻におおまかにあった分野に就職します。企業側はその専門の素養がある人を雇いますから、例えば、大学で社会学を学んだような人が、最先端の携帯電話技術を開発している会社の技術管理部に配属されるようなことはありません。採用されてすぐに仕事ができなければなりませんので、学生であっても、ある程度はその分野に通じてなければならないのです。結果を出すことができなければ首になってしまいます。

こういう若い人々は、学生時代に、夏休みや学期中に体験するインターンシップで実務経験を積んでいるのが当たり前です。インターンシップの多くは無給ですが、人気業界に就職する学生になると、大学在学中に3社、5社とインターンシップを経験して、それを履歴書に書くわけです。あるアメリカの放送局にアシスタントディレクターとして就職した大学院時代の知人は、なんと11社もの放送局でインターンシップを経験しました。競争が激しいため、さまざまな組織でインターンシップを体験し、実務知識やコネを得なければ就職できないのです。

インターンシップは、ほとんどの場合、給料は出ません。交通費やお昼代が少々でることもあります。しかし、学生側は無料で実務知識や経験を得ることができますし、就職というリスクを負わずに自分の実績を現場でアピールすることができる、という利点があります。雇用側は夏休みに足りなくなる労働力を補充することができますし、新入社員の能力を現場で確認することが可能です。しかも、給料や採用費用をかけずに、潜在的な能力の高い候補者を選ぶことが可能なのです。学生にとっても雇用側にとっても得ることが多い仕組みなのです。

イギリスの場合、リーマンショック後の大不況で、今や大卒新卒の約50％が卒業3カ月以内に就職できません（New graduates face tougher struggle in their search for jobs http://www.guardian.co.uk/society/2012/sep/29/jobs-shortage-threat-for-graduates）。インターンシップで経験を積もうにも、インターン中は無給ですから、経済的に恵まれた学生でなければインターンシップすらできません。会社によっては、インターン希望者に数千ポンドの費用を要求する場合があります。会社側がお金をとって、就労経験を「売っている」のです。そのぐらいインターンシップの経験が重要なわけです。イギリスは「実証主義」を重んじる土地ですから、誰かを雇うにしても、肩書きやイメージだけではなく「成果」や「本当にできるかどうかの証明」を重視します。ですから、若い人であってもインターンシップで成果を証明することが重要なのです。

イギリスにはインターンシップの斡旋《あっせん》をする会社も存在するほどです。応募者から手数料を取って、インターン受け入れ先企業と調整をしたり、希望者を送り込む、というのが商売です。履歴書の作成指導やインタビューの練習もやります。費用は安くなく、数百ポンドから数千ポンド（およそ数万円から数十万円）かかる場合があります。お金のない家庭の学生や、自分を売り込むことができない学生は、無給の仕事にすらありつけないのです。

日本の「ノマド」は嘘ばっかり

日本では「ノマド」という言葉が流行《はや》っています。

テレビ番組「情熱大陸」に出演した安藤美冬《あんどうみふゆ》さんなど、メディアの影響なのでしょうか。「ノマド」というと、おしゃれな若い男女が、「働く場所を自分で決める」と宣言して会社を飛び出し独立、電源のあるオサレカフェや都心のシェアオフィスなどでMacBookでお仕事。通勤にもわずらわしい人間関係にも悩まされず、ゆったりと自分のペースで仕事をしている……というイメージがあるようです。

「ノマド」とは英語で「遊牧民」「移動する人々」という意味を持つ言葉です。これは、フランスの元高級官僚で、経済学者、思想家、作家であるジャック・アタリの『21世紀の歴史─未来の人類から見た世界』（作品社）という本で紹介された概念です。同書では歴史を「定住民」と「ノマド」の衝突という軸で見ていますが、21世紀は「ノマド」の時代になるとしています。

本書が指す「ノマド」とは、情報通信技術や交通の発達により、国境を軽々と越え、さまざまな場所で暮らしながら仕事をする人々のことです。住む場所や働く場所にこだわらない自由な生き方です。アタリは、情報通信技術者、専門的な知識を生かして世界を飛び回って働くビジネスマンや学者、技術者、芸能人などを「超ノマド」と定義しています。日本では、「ノマド」というと、アタリのこの「超ノマド」のことをイメージしつつ「会社に縛られずに自由業として働く。MacBookを抱えてオフィスや家の外で働くおしゃれな新しい働き方」だと考えている人が少なくないようです。しかしながら、「超ノマド」は、そもそも市場に求められる高い専門性があり、凡人ではまねできない能力や技能があり、さまざまな国で働くことが可能な語学力（英語）に加え、文化的適応性がある人々のことを指します。要するに「超ノマド」になることができるのは、たった一握りの才能あふれる人々なのです。日本で「ノマド」は話題になっていますが、**みんなの憧《あこが》れる「超ノマド」になれるのはたった一握りの人である**、ということは無視されがちです。日本で語られている「ノマド」は「超ノマドに絶対になれないような凡人にノマド的な働き方の夢を売る詐欺」なのです。

実は、前述した「専門性を前提とした働き方」は、「超ノマド」になるための前提なのです。各自の専門性がはっきりしているから、どのような土地に移動して仕事しても成果物が評価されますし、やることがはっきりと決まっているから、報酬もはっきりしています。しかし、日本ではまだまだ個人の専門性を重視した働き方よりも、総合力を重視した働き方をする人が多く、日本の外で求められるような高い専門性や語学力を持った人はうんと少ないのが実態です。専門性を重視した働き方が成熟していない日本では、「超ノマド」が生まれにくいと言えるのです。

日本人は「下層ノマド」にしかなれない

「超ノマド」のたくさんいる世界というのは、実は多くの日本の人にとっては大変恐ろしい世界です。「超ノマド」を活用する世界では、突出した才能のある人を重用し、高い報酬を払う代わりに、必要な時に必要な場所で働いてもらいます。つまり、**才能のある人は世界中を飛び回って稼ぐことができる一方、そうでない人は取り残され、働く人の多くが「フリーター」にならざるを得ないという世界**なのです。

実はこれはすでにイギリスでは現実になっています。例えば、私の所属するＩＴ業界では、技術者やプロジェクトマネージャーの多くは、会社と直接契約を結ぶ「個人事業者」です。こういう人は自分を求める仕事があれば、世界中飛び回って仕事しています。ほとんどの人は英語がネイティブか流暢《りゅうちょう》です。英語は世界のほぼどこでも使われていますから、英語が流暢なことがさまざまな国で仕事をする「前提」です。できるのが凄い、ではなく「できるのが当たり前」の世界なのです。契約は数カ月などの短期ですから、その分正社員よりも割高な給料を払います。いつ首になるかわからない不安定な契約ですし、収入が安定しないからです。一日の給料が20万円を超えるような人だって珍しくありませんし、雇っている会社の管理者よりも給料が高い場合があります。報酬は、市場が求める「価値」で決まります。需要が高いスキルを持った人の報酬は高く、付加価値がなく需要がないスキルの人の報酬は安いのです。大変単純です。

イギリスにはこのような「個人事業者」の組合がありますが、加盟者の平均給料は年収800万円程度です。イギリスの平均年収の2倍近い金額です。決して貧乏な下請けの「個人事業者」ではないのです。専門知識が重視されますから、40代、50代などのベテランの方も少なくありません。むしろ若い人は少ないかもしれません。IT

だけではなく、執筆、金融、税務、会計、建築、プロジェクト管理などさまざまな分野の専門家が所属しています。このような働き方をする人は、正社員になれないからやっているわけではなく、「個人事業者」として働いた方が報酬が高い上、休暇などの融通が利くので、あえて正社員にならないのです。税金対策のため個人事業者ではなく会社方式にしている人もいます。

イギリスの例のように「個人事業者」になって稼ぐことができる人は、相当高い能力がある人に限られます。能力がなければ会社に契約を切られますし、そもそも仕事が来ないからです。自分で契約交渉や仕事の調整ができることも前提です。事務処理だって自分でできなければなりません。メニューの提案からマーケティング、料金計算、どんぶり洗いまでこなせる「豚骨ラーメンに特化した屋台の一人親方」である必要があるのです。

そして、優秀な「個人事業者」には高い報酬を払う一方、付加価値の低い仕事をする正社員などの給料は抑えるか、賃金の安いインドやエジプト、チュニジア、ハンガリーなどに外注してしまうわけです。付加価値の低い仕事はもっと賃金の低い外国に外注しますから、国内に残る似たような付加価値の低い仕事の賃金も以前に比べたら下がっています。能力がある人、稼げる人には良い仕組みですが、平凡な人や、能力がない人には大変な世界です。

このような世界では、平凡な人や才能がない人は、アタリが指摘する「下層ノマド」にならざるを得ません。「下層ノマド」とは、グローバル化が進んだことで、会社や仕事が国外に移転してしまい、国内に仕事がなくなってしまったために、仕事を探してさまざまな土地をさまよう人たちのことです。

これは実は英語という「参入障壁」がないために、さまざまな仕事が国外移転したり、EU加盟後にEU圏内の人が労働許可を取得しなくても仕事ができるようになったイギリスですでに起こっています。高付加価値の仕事はさまざまな国出身の「ハイパーフリーター」である「超ノマド」が独占します。例えば私が仕事でお付き合いしている方々はナイジェリア、ポーランド、イタリア、チュニジア、レバノン、イラク、バングラデシュ、キプロス、ドイツなどの出身です。エンジニアや、金融専門家、会計士などさまざまな人がいますが、国内外で高い教育を受けた専門家で、2〜

5カ国語を話します。自国よりも労働条件が良く、良い生活を送れるイギリスに移民してきた「超ノマド」です。イギリスだけではなくさまざまな国で仕事をします。この人達は、イギリス人の平均月収の数倍の給料を稼ぎます。このような「超ノマド」には、国内で教育を受けただけの平均的な大卒イギリス人は対抗できません。

付加価値の低いホワイトカラーの仕事はインドや東欧に移転しています。例えばイギリスでは住民向けのコールセンターをすべてインドに外注している地方自治体があります。データセンターやテクニカルサポートを、インドや東欧に丸ごと外注している会社だって珍しくありません。ホワイトカラーの事務職も海外外注です。法律事務や経理をインドに外注している会社もあります。人事業務すべてが東欧という会社もあります。応募者のバックグラウンドチェック（犯罪歴などがないか調査する）さえインドに丸投げという所もあるのです。

製造業は生産コストの安い東欧や南アフリカなどに移転です。さらに、農作業や店屋の店員、低賃金で付加価値の低い仕事は、EU圏内からやってきた外国人労働者が担当しています。イギリスのイチゴはチェコやルーマニアからやってくる季節労働者が住み込みで摘み取ります。大都市では外国人店員を見ない方が少ないです。この人達は、イギリス人よりも遥かに少ない賃金で一生懸命働きますから大変喜ばれています。大工さんの多くはポーランドなどの東欧出身です。東欧出身の大工さんはイギリス人よりも雇うコストが安く、仕事も丁寧だったりしますから大好評です。安くて腕の良い大工さんが仕事をしてくれるので、腕が悪く仕事をしないイギリス人大工さんには仕事の依頼がこないのです。

こんな調子ですから、最近は、元々中流階級だったような人が、「下層ノマド」となり、仕事を求めてオーストラリアや中東、中国、カナダに移民する例さえあります。低スキルの労働者だけではなく、大卒のホワイトカラーや、建築士などの専門職も移民しているのです。移民希望者が少なくないので、なんとイギリスでは定期的に「オーストラリア移住セミナー」なるイベントをやる業者もいるほどです。一方で、医師や大学研究者などの専門職の中には、イギリスよりも高い報酬を提示するアメリカやカナダ、オーストラリアの病院や研究機関に引き抜かれていく人もいるのです。

「ノマド」が増える世界というのは、決して夢ばかりではありません。**平凡でこれといった才能がない多くの人にとっては、「稼ぎにくくなる世界」が到来する**

「悪夢」なのです。日本で「ノマド」ブームに踊らされて、ノマドのセミナーに通ったり、ノマドに関する本を買ったりしている人の大半は「下層ノマド」の予備軍なのです。儲《もう》かるのは「ノマドワークで世の中バラ色」と叫んでいる詐欺師まがいのジャーナリストやコンサルタントだけにすぎません。そんな詐欺師にだまされている暇があったら、才能も何もない平凡な人々は、将来仕事を失う可能性を減らすために、何か新しいスキルを身につけたり、新しい仕事をやってみるなど、**リスクを減らす努力をするべき**なのです。ノマド詐欺師に使うお金も時間もありません。

「社会人」という言葉の謎

「社会人」という言葉は、実に日本的な表現です。日本では学生が卒業して会社に勤めるようになる時に「僕はこれから社会人になります」と言ったりします。「会社にフルタイムで勤めることが一人前の大人になることだ」という意味で使われている

わけです。

「社会人」とは、英語に直訳したら「ソーシャルパーソン」となりますが、英語だと**全く意味がわかりません。**「社会を構成する人」という意味なのであれば、赤ちゃん、老人、犯罪者、ゲイ、レズビアン、過激派、無職、主婦、主夫、障碍者、ヤクザ、学生、宗教家、パートタイム労働者、学生をやりながら働いている人などだって、含んでよいはずです。組織に「奉公人」（サラリーマン）として「雇われて」、フルタイムで働いている人は、社会を構成する人々のごく一部でしかないわけですから。別に学校を卒業したって、自営業になろうが、無職だろうが、宗教家になろうが、社会を構成する一員であることには、何ら変わりはありません。学生はただ単にその「社会」の中で勉強をしている、というだけです。

この「社会人」という言葉の使われ方を見ていると、日本は、比較的頭が柔軟なはずの若い人であっても、物事の見方に柔軟性がなく、本質を見ていないなという気がするのです。なんと頭が固いのでしょう。そして、考え方があまりにも「仕事」偏重なのです。社会学や政治学や哲学や経済学など「人間」を学ぶ学問をやってきたはずの学生さえも「社会人」という言葉を使うのですから、救いようがありません。

これまで書いてきたように、日本の外では仕事は人生の一部であり、先進国では専門性を持って「自分商店化」する人が増えています。自分の人生を豊かにするために働く人もいます。「会社に所属すること」は、その人にとっての選択肢の一つ、人生を豊かにするための「手段の一つ」でしかなく、「標準」ではないわけです。

そして、そもそも、**「カイシャ」というのは、一人ではできないことを、何人もの人が集《つど》ってやり遂げる、という目的を持った「寄り合い」であり、「手段」にすぎない**のです。マフィアの地下アジト、ショッカーの本部、建築会社のタコ部屋、ネトゲのパーティーと何ら変わりはないのです。単にいろいろな人が集まって仕事をやるだけ。ただそれだけのことです。そんなただの「寄り合い」を「社会」だと表現してしまう日本の人は、頭がおかしいとしか言えません。

「カイシャ」に行きたくない、「カイシャ」を辞めたいと思っている人は、「そう俺はタコ部屋に行きたくないだけなのだ」「ネトゲのパーティーの仲間と気が合わないのだ。そうだ俺はパーティーをかえれば良いのだ」と考えると、心が軽くなるかもしれません。

3章

グローバル人材ってなんだ？

間違いだらけの「グローバル人材育成」

日本では最近「グローバル人材」なる言葉が大流行りしているようです。政府も大企業も大学も、ウェブサイトを開けば「グローバル人材育成」「国際化に対応するには」なる言葉が飛び込んできます。街では「グローバル人材」なる人を育成する怪しげなセミナーやコンサルティングが大流行りです。この「国際人」「グローバル人材」とやらは、さまざまな資料や企業のウェブサイト、新聞記事などを見る限り「英語が流暢で、国内外で外国の人と仕事ができる人」という意味のようです。

日本経済団体連合会（経団連）が２０１１年に発表した「グローバル人材の育成に向けた提言」という資料によると、「グローバル人材」の定義は以下のようになっています。

・グローバル人材を「日本企業の事業活動のグローバル化を担い、グローバル・ビジネスで活躍する（本社の）日本人及び外国人人材」とする

・社会人としての基礎的な能力に加え、日々、変化するグローバル・ビジネスの現場で、様々な障害を乗り越え、臨機応変に対応する必要性から「既成概念に捉われず、チャレンジ精神を持ち続ける」姿勢、さらに、多様な文化・社会的背景を持つ従業員や同僚、顧客、取引先等と意思の疎通が図れる「外国語によるコミュニケーション能力」や、「海外との文化、価値観の差に興味・関心を持ち柔軟に対応する」こと

・異なる文化や価値観への関心を持つとともに、日本の文化や歴史、哲学などの学習を通じて、物事を考察する際の基礎となる思考力を身につけることが求められる。大学におけるリベラル・アーツ教育の拡充を通じて、文科系、理系等の専門科目に捉われず、幅広い視野や、基礎的思考力を身につけさせることが重要

出典：（社）経済団体連合会２０１１年6月14日「グローバル人材の育成に向けた提言」（http://www.keidanren.or.jp/japanese/policy/2011/062/honbun.pdf）

「社会人としての基礎的な能力」（社会人っていったい誰で、基礎的な能力って何でしょうかね。トイレ掃除のうまさでしょうか）や「変化するグローバル・ビジネス」（グローバルっていったいどこでしょう。地球全体のことなのですかね）など意味不明な定義がある上に、全体的にいったい何が言いたい文章なのかよくわかりませんが（経団連はグローバル人材育成の前に自分の文章作成能力をどうにかした方が良いのではないでしょうか。**みんな忙しいんだから一発で意味がわかる文章にしていただきたいですね**）、一言で言うと「日本の会社で働いているけど、英語やそれ以外の外国語が上手で外国と商売できる人」ということのようです。

経団連はそのような「外国で商売ができる人材」を育成するために、大学で留学させなさい、大学の授業時間を増やしなさい、英語をやりなさいと言っているようです。しかし、そんな生易しいことで「世界中で、さまざまな国の人間を相手にうまく物を売りつけたり、交渉を有利に進めることができる人」を育成できると考えているのでしょうか？　思っているとしたら、相当外国の事情がわかっていないか、日本の外に出て雇われたり商売をやったことがないか、それとも、相当頭が悪いのでしょう。**短期間の留学や語学の時間を増やすだけで「グローバル人材」なるものを育成できると思い込むのは大間違いです。**

そもそも、日本の外に出て商売をやったことがある方ならわかりますが、まず物を売りつけたり、交渉を有利に進めることができたり、日本人以外の人に英語で指示を出して仕事をしてもらう語学力というのは、相当なレベルが要求されます。大学でちょっと英語の時間を増やしました、じゃ適応なんてできません(これは次の項目で詳しく書きますが)。日本では「グローバル人材育成のために社員にTOEICを受けさせます」と宣伝している会社がありますが、誠に馬鹿げているとしか言いようがありません。そんな日本と韓国でしか知っている人がいない英語の試験で高い点をとっても、仕事ではまったく通用しないのです(そもそもTOEIC自体がレベルが低すぎてお話にならないのですが)。

それに、仕事をするのですから、語学力以前に、技術なり法律なり経理なりの「専門知識」がなければ話になりません。日本では大学でも会社でも専門性をあまりにも軽く見ています。グローバル人材を育成したいなら、教育カリキュラムを見直し、専門性をきちんと身につけ、会社側も専門にそって人を雇うような仕組みにしなければなりません。調達する人が調達の専門知識がなかったら仕事になりません。金融商品を売っていた人が海外でいきなりIT担当になっても大失敗します。赴いた国の人事法規や雇用慣習を理解していない人が現地で労務管理をやったら、法規を無視して訴訟になることだってあります。その国に住んだこともなく、文化や歴史や消費者の動向を知らない人が、その国に何か売り込むためのマーケティングや調査をやっても、間違いだらけのデータや戦略が上がってくるに決まっています。

なぜそんなことになるかというと、日本の多くの会社や役所では、いまだに大学新卒でたいした専門の勉強をしていない人を、さまざまな組織をグルグルまわして育成するという「ジェネラリスト人事」をやっているからです。日本では「専門性があやふやなジェネラリスト」を外国との仕事にあてがうことがあります。外国の現地の従業員であったり、お客さんであったり、外注先にいるのは、学生時代からその分野をやってきた「専門家」であることが少なくありません。特に、新興国であれば、その国のエリートですから、日本のその辺のサラリーマンとは比べ物にならない量の勉強をこなしているのです。先進国なら、ホワイトカラーであれば学生時代の専攻と仕事はだいたい合っていますから、基礎の基礎を大学なり大学院で学んだ人がその仕事をやっています。

日本のサラリーマンがそういう専門家と仕事をしても、全く話にならず、**「日本側はいったい何を考えているんだ？ バカなのか？」**と言われることがあります。海外事業をやるからと、経理をやっていた人が営業の仕事にまわされたり、トレーダーだった人が情報システムの管理をやらされたりするのですから、話が通じるわけがありません。基礎もありませんので、深い話もできません。もちろん、技術系の会社などは、専門の人が担当することがありますが、ジェネラリストを当ててしまう会社が少なくないのです。

世界で商売したいなら

「世界中で、さまざまな国の人間を相手にうまく物を売りつけたり、交渉を有利に進めることができる」能力でありますが、これは、その土地の慣習であった

り、歴史であったり、「人の心の動き」を理解している人でなければ無理です。それを身につけるためにはさまざまな書籍を読んだり、その国の人と接触して学べばよいのですが、それにはあまりにも長い時間がかかります。世界は広いですから、どこにも精通するというのはそれこそ不可能に近いわけです。手っ取り早い方法は、そこに長く住んでいる人や、日本とその土地の両方をよく知っている人を雇って仕事してもらうことです。要するに組織をローカル化し、現地にどんどん権限を与え、日系人や日本への留学生、ハーフ、現地在住の日本人を雇って働いてもらえ、ということです。欲しい人材がいるなら、いちいち社内で養成しないで外から買ってきたり、最初からできる人を雇えば良いわけです。時間の節約になりますし、うまくやれば最大限の効果が期待できます。グローバル人材が欲しいなら、自分の会社の人事体系や雇用体系を見直した方が早いのです。

例えばイギリスやフランスの通信企業だと、アフリカやインド、中近東、南米などの国際事業担当は、移民の二世や三世であったり、イギリスやフランスに留学して来た人だったりします。そういう人がほんの数名いるわけではなく、大量にいるわけです。東欧やアフリカ、中東の人だと2カ国語だけではなく4カ国語、5カ国語しゃべるという人だっています。外資系の会社に勤めるので英語はできるのが当たり前です。雇用する際も、現地採用だからとか、外国人だからという分け隔てはありません。幹部になる人も大勢います。元々現地の言語も文化もよく理解していますから、政府に対する対策や規制、消費者の好みなどをよく理解しています。一方、日本の通信企業を見ると、国際事業をやっていると言っているにもかかわらず、国際事業担当者が英語すらできなかったり、海外に住んだことが一度もないということが珍しくありません。これでは海外の会社に負けてしまうのは当たり前です。

日本企業も、製造業などでは外国の現地組織を現地化し、日本人比率をうんと減らしている所もありますが、それでも、イギリス、アメリカ、オランダ系の多国籍企業に比べると、現地化があまり進んでいないな、という会社が少なくありません。トップの重要なポジションは日本人であり、日本から大量に駐在員がやって来ます。しかし、日本にある外資系の企業を見てみるとわかりますが、駐在員の数はごく少数で、幹部社員は日本人や第三国の人だったりします。何人か、ではなく「仕事ができれば誰でも良い」と雇うわけです。必要な人は世界中から「買って」来ます。そして交渉してそれ相応のお金を払って仕事してもらうのです。必要に応じて他国の事業所へ異動させることだってあります。サッカーチームや野球チームが選手を雇うのと同じ方法です。こうやって必要なプロを買ってくる方が、勉強が大嫌いな日本の大学生や新卒の社員に勉強させるよりも、何倍も有意義なお金の使い方でしょう。

日本のある企業が社内公用語を英語にして国際化します、と宣言しましたが、私から見ると何と馬鹿げたことをしているのだろう、と思いました。物凄い早さでビジネスが動く世界では社員が英語を身につけるのを待ってはくれません。それに英語をやっただけでは、外国と仕事する能力なんて身につかないのです。海外で商売するための人が欲しいのであれば、外から入れて、能力のない方には退職して頂けば良いのです。「グローバル人材」なんて育成しないで買ってきた方が早いのです。

英語はどれだけ必要か

海外に出てどこでも仕事するために必要な英語力とは、どの程度のことを言うので

しょうか? これは実に簡単です。**普段自分が会社で取り組んでいるすべての活動が英語に置き換わる、と想像すればいいだけ**です。同僚との雑談、昼食の注文、上司との目標設定の議論、幹部への報告、お客様との交渉、製品の要件調整、日程の確認、報告書やメールの作成、プレゼンテーション、外注先会社の管理、支払い、会計報告、人事通達作成、通勤時の電車の時間の確認、出張手配などがすべて英語になるのです。このように、すべての活動を英語でこなさなければならない、と考えれば、「どれだけ高度な英語が必要か」ということがよくおわかりになるのではないでしょうか?

例えば文書作成です。研究報告書を書いておられる方であれば、それをすべて英語で書かなければなりません。日本式フォーマットや理論の立て方は通用しませんので、すべて海外で通用する方式で書かなければなりません。契約書、要件定義書、メール、秘書への指示書、通達、お知らせ、すべてを「ビジネスで通用するレベルの大人が読む文書」として書かなければなりません。時と場合によっては、灰色の表現が必要になるかもしれませんから、言語を相当理解している必要があります。顧客向けであれば売り込みをうまくするように書かなければなりませんし、読み手にさまざまな国の人がいるのであれば、誰にでもわかるように簡潔に書かなければなりません。また、読み手にネイティブがいるのであれば、ネイティブが納得するレベルでなければ恥をかきます。

そもそも、ネイティブであっても文章を書くのには苦労する人が多いのです。英語圏だと、大学や大学院では、課題作成を通して、文章を作成する訓練を徹底的に行ないます。これは、英語圏では文章を通じたコミュニケーションが大変重要だからです。特にイギリスや、アメリカ、カナダ、オーストラリア、ニュージーランドなどの旧英国植民地では、何でも文書に書いて、証拠が残るようにしておきます。

これは、かの地が訴訟社会であることも関係があると思います。何かもめ事があったら、文書を証拠として突きつけるのです。言った言わないを防ぐために重要ですから、良い文章=仕事で説得力のある文章を書くことができないと、仕事が進まないからです。プレゼンテーションや交渉、部下や上司との目標や問題の話し合いは、日本語でやっても大変です。母国語でやっても大変なことを、外国語というハンデがある中でやるわけですから、どれだけ大変かということはよくおわかりになると思います。聞き取りもしゃべりも相当高度なレベルでできないと、話し合いになりません。

もちろん、期待される英語のレベルは、一緒に仕事するグループにネイティブがいるかどうかや、英語圏かどうか、言葉を重要視する業界かどうか、などによりずいぶん違います。私の感覚では、その組織にネイティブが多く、高度な言語的表現を要求され、自分が雇われる側や売り込む側であればあるほど、要求される英語のレベルは高くなると感じています。自分がお客であったり、駐在員であったりすれば、相手は一生懸命聞いてくれますから、英語の期待値は下がります。仕事する仲間が非ネイティブばかりだと、もっと楽になります。

ただし、その非ネイティブが英語圏で相当高い教育を受けている人達であれば、こちらへの要求レベルも高くなります。できるのが当たり前という感覚だからです。

私の国連専門機関職員時代は、日本人はほとんどおらず、上司はネイティブのイギリス人、同僚は3〜4カ国語を操る人という中で仕事していましたから、英語は「流暢にできて当たり前」の世界で働いていました。「できて当たり前」とは、英語で学術論文がすらすら書けて、国連官僚が得意な「灰色の表現満載の通達や報告書」を即座に書くことができて、会議ではとうとうとよどみない議論を繰り広げることができる、というレベルです。周囲のほとんどの非ネイティブは、英語圏やフランス語圏の大学や大学院修士、博士課程を出ているのが普通ですから、アメリカの大学院に留学したとはいっても、ネイティブではない私にとってその中で仕事をすることは、相当なプレッシャーのあるものでした。海外の英語圏で、現地の会社や大学、研究所などに雇われて働いている方は、似たような経験をお持ちなのではないでしょうか。

都内の外資系企業では、かなり外国人比率が高い組織であっても、あくまで日本にある「支店」や「支部」扱いですから、要求される英語のレベルは、英語圏にある組織に直接雇用される場合と比べたら低いと感じます。そもそも日本で雇われている人は日本人が多いですし、お客様も日本人です。本社や上司への報告ができて、多国籍なチームとのコミュニケーションができれば良いのです。要求されるレベルは、海外で働くのに比べたらうんと低いのです。ですから、私は日本では外資系企業勤務の経験はあるが、実際に海外で働いたことがない有名人やコンサルタントの方が、テレビや雑誌、書籍で「海外で必要な英語力とは〜」と言っていると、何となく「ああ、この人はあまりよくわかっていないな」と思うことがあります。日本の商社やメーカーにお勤めで、海外のお客さんに物を売って歩いている人の方が、本当に必要な英語力がいかほどか、ということを、よくおわかりだと思います。

日本の教育制度にはいらないものだらけ

このような流れの中で、日本の教育制度は「日本の教育はグローバル人材育成に対応していない」という激しい批判を浴びています。それでなくても、日本の教育制度はずいぶん前から批判されています。70年代からバブル期にかけては、高度経済成長期から続く激しい受験戦争、暗記中心で創造性がないカリキュラム、管理教育中心の制度が批判されました。バブルが崩壊し日本の景気が悪くなり始めると、今度は教育内容の自由度を高めた「ゆとり」教育が批判されるようになります。「ゆとり」教育のために、学生が学ぶことが大幅に減り、基礎学力が落ちてしまったり、マナーが低下したというのです。

厳しすぎても批判され、緩すぎても批判される。何をやっても批判されているような印象があります。しかし、私から見ると、日本の教育の本質的な問題は実は議論されていないのではないか、と思うのです。私が大きな問題の一つなのではないかな、と思うことは日本の教育制度は**「無駄が多すぎる」**ということです。

私の思う「日本の教育における無駄」とは、以下のようなものです。

1. 暗記とそれを吐き出すためのテスト

日本の学校は、教わったことを暗記し、それを正確に吐き出す、という作業を繰り返す場所になっています。小学校から大学まで、試験の多くは教科書に書いてあることや先生が言うことを暗記し、試験では「書いてあったこと」や「言われたこと」を「正確」に「再生すること」が中心です。正しいのは「書いてあったこと」や「先生の意見」です。再生することが重要なので、自分の意見を言ったり、批判したり、疑問を抱くことは必要ではありません。

もちろん、ゆとり教育が導入されてから、創造的な力を鍛えるようなカリキュラムも増えたようですが、しかし他の先進国に比べたらまだまだ丸暗記型のカリキュラムが多いのは事実です。こういう暗記も、例えば公式を覚えたり、ある程度の歴史的事実を覚えたり、語学を覚えるのには重要です。詰め込みがなければアウトプットできないからです。漢字だって覚えなければ書くことができません。私は英語などの語学を学ぶには、暗記や詰め込みが重要だと言っています。また若いうちに、さまざまな書物などに大量に触れることも大事です。詰め込むことで、頭の中にさまざまな「ネタ」が蓄積され、それが、ひょっとした時に出てきて、大きな発見や発想につながることがあるからです。

しかし、暗記ばかりしていたら「知識」を「使いこなす力」は絶対に身につかないのです。お仕事をされている方や、日常生活でさまざまな課題に直面する方ならわかるでしょう。現実の世の中で「何をどれだけ暗記できているか」が重要になる場面はあるでしょうか？　**重要なのは、「知識」を「使いこなすこと」でしょう。**

例えば自分の勤務先が健康器具販売の会社だったとします。最近会社が社運をかけて開発した「耳垢が普通の4倍とれる耳かき」がなかなか売れず、あなたも部下も同僚も困っています。そんな時に必要なのは、「競合他社の売り上げがどの程度で、市場にどんな製品があるか」を「暗記」している部下や同僚ではないでしょう。部下がつらつらと「この会社の前年の売り上げは〜」と唱えだしたら「馬鹿野郎！」と怒鳴ってしまうかもしれません。あなたが欲しいのは、「提案できる人」「発想できる人」

ではないでしょうか。

例えば、「ソーシャルメディアを使って口コミで宣伝して売り上げをアップしましょう！　こういう無償ツールを使えば予算はいくらいくらしかかかりません。この層にこういうふうに売り込んで、最近アラフォーに人気のあの雑誌とタイアップするんですよ。動画で実際使ってる所もアップして口コミを増やしましょう。僕が出演すれば外部から人を雇う必要はないからコスト削減できますよ」という提案ができる人です。

今の日本の学校の勉強はこの「競合他社の売り上げがいかほどか」を「暗記できる人」を増産しているのにすぎないのです。あなたは職場にそういう暗記だけが得意な人が欲しいですか？　自分の子供に職場で暗記した「データ」を披露するような人になって欲しいでしょうか？

今や、パソコンだけではなくスマートフォンやタブレットコンピューターからいつでも世界中の情報に触れることが可能です。知識や情報を暗記する必要はないのです。何かを知りたければネットで調べれば良いわけです。しかし、調べるには「情報を検索して取り出す力」が必要です。さらに、「調べたこと」「覚えたこと」を「解釈」し、さまざまなことを「組み合わせて」「考え」、実生活で直面する問題や課題に対して「自分なりの答えを見つけていく」ことが必要なのです。

「組み合わせる」というのは実は高度な知的作業です。さまざまな異なることから類似するものを探し出し、結びつける、という作業です。これは暗記でどうなるものではありません。普段から物を考えているからこそ、他人が気がつかないような「組み合わせ方」に気がつくのです。このように、知識や情報を「探して来て」「答えを自分で考える」ということが、「使いこなす」ということなのだと思います。

日本の外の先進国では、詰め込みや暗記もやりますが「考えさせること」に重きを置いた教育をする学校が少なくないのです。実社会では「考えること」が子供の人生を左右していくからです。例えば、日本の学校の試験に以下のような問題は出るでしょうか?

- **「チャールズ五世の外交政策は失敗であった。その理由とは何か?」**
- **「19世紀には弱体化した国家が複数出現した。例となる国を挙げ、その理由を分析**

せよ」

・「エジプトの歴史をホームページ、データベース、インターネット上の動画を使って調べなさい。そしてそれをウェブサイトにまとめ、Facebookで発表せよ」

・「あなたは宿題をやるのを忘れてしまいました。宿題をやらなかった理由を、先生が納得する方法で説明しなさい」

これらの問題は、実はイギリスの小中学校や高校で実際に出された宿題や試験の問題です。イギリスの学校は大雑把なので、課題は1行や数行でしか出されないのです。しかし、出題する先生側は、問題をじっくり吟味《ぎんみ》しています。学生がどのように思考し、どれなら答えるのが難しいのか、何時間も考えて出題しているのです。教科書の答えを「解答しなさい」という問題を作る方がうんと簡単でしょう。

問題に答えるために、学生は、自分が読んだ書物や調べたことを使って分析します。先生を説得する方法を、パソコンやタブレットコンピューターを使って発表したり、ネットで発表するのです。暗記はうまくても、調べたり考えることができない人、発想に面白さがない人は、こういう課題では評価されないのです。

採点する先生の方は、主張が何であるかにはケチを付けません。**評価する点は、授業で紹介した文献や信憑性《しんぴょうせい》のある情報源をうまくまとめているか、著作権をおかさないで引用できているか、言っていることに面白さはあるか、他人をうまく説得できる内容か、理論が通っているか、です。**もちろん先生自身も課題のトピックに通じていなければ採点できませんから、実は先生側にとっては「知的な負担」の大きな課題です。単に答え合わせをすれば良いだけではなく、学生の分析や発表を理解して、適切なコメントをしなければならないからです。

しかし、このような課題を繰り返しやることで、「考える力」「情報を正しく使う力」「説得する力」が身につきます。仕事や日常生活で必要な力は、まさにこれらでしょう。暗記ばかりやっている日本の学生は、人生の時間を無駄にしているとしか思えません。考える訓練を受けられないかわいそうな人達です。

知識を「使いこなす」ということを日本の人が真剣に考えざるを得なくなった例は、東日本大震災後の原発事故です。あの事故が起きた時に「放射能に関する知識をどれだけ暗記しているか？」は重要だったでしょうか？ 情報はネットで探すことができました。重要なのは「暗記」しているかどうか、ではありませんでした。重要だったのは、**何が起こっているかを正確に「理解」し、「解釈」し、誰の言っていることが本当なのかを「判断」し、身を守るためにどんな行動をとるかを「考える」こと。そして「決断」すること、だったのではないでしょうか？**

暗記が役に立った人は、いったい何人いたことでしょう。

2012年にiPS細胞に関する発見でノーベル賞を受賞された京都大学の山中伸弥《やまなかしんや》教授は、常識にとらわれない大胆な発想や、さまざまな手法を「考えて」実行することで、世紀の大発見をしました。iPS細胞を発見するには、気が遠くなるような数の実験をこなさなければならないはずだったのですが、遺伝子を導入するための試薬が余ってもったいないからと、24個にまで絞り込んだ細胞を全部一緒に試験皿に入れてしまったのです。その上、教授の「仮説」は元々「嘘に違いない！」と絶叫されるような「トンデモ学説」だったのです。しかし、教授が世界中の科学者から「トンデモだ！」と言われるような大胆な考え方や、実験の常識を覆《くつがえ》すような斬新なやり方をとらなければ、世紀の発見は成功しなかったでしょう。ユニクロの柳井正《やないただし》会長は「成功するにはクレイジーでちょっと変人じゃないといけないんです。スティーブ・

ジョブズだろうがアンディ・グローブ（インテルの元ＣＥＯ）だろうが、クレイジーですよ」と語っています（出典：Uniqlo's CEO on His Long, 'Crazy' Fight for the Future of Retail BY Ryan Tate, Wired http://www.wired.com/business/2012/10/uniqlos-ceo-future-of-retail/）。

柳井会長の言う「クレイジー」とは、人と違った発想をすること、斬新なことを考える人、という意味でしょう。

教科書通りに暗記する人、先生の言うことを忠実に信じる人だったら、「クレイジー」なことを考えつくでしょうか？「クレイジー」なことを実行に移すでしょうか？

山中教授が日本の学校式に、教科書に書いてあることを延々と暗記するような人であったら、このような発見は可能だったでしょうか？

2. 学級会

日本の学校には学級会なるものがあります。日本の教育指導要領では「特別活動」として学級会が定められています。

小学校学習指導要領（平成10年12月告示、15年12月一部改正）第4章　特別活動　第2　内容　A　学級活動より

学級活動においては、学級を単位として、学級や学校の生活の充実と向上を図り、健全な生活態度の育成に資する活動を行うこと。

（1）学級や学校の生活の充実と向上に関すること。

学級や学校における生活上の諸問題の解決、学級内の組織づくりや仕事の分担処理など

（2）日常の生活や学習への適応及び健康や安全に関すること。

希望や目標をもって生きる態度の形成、基本的な生活習慣の形成、望ましい人間関係の育成、学校図書館の利用、心身ともに健康で安全な生活態度の形成、学校給食と望ましい食習慣の形成など

出典：文部科学省（http://www.mext.go.jp/a_menu/shotou/cs/1320058.htm）

「学級や学校における生活上の諸問題の解決、学級内の組織づくりや仕事の分担処理など」とは何でしょうか？　学校は勉強する所ですが、日本の学校では、学校内部の

組織作りや問題解決、こまごまとした仕事の割り振りなどが、「勉強の一部」なのです。そして、「希望や目標をもって生きる態度の形成、基本的な生活習慣の形成、望ましい人間関係の育成、学校図書館の利用、心身ともに健康で安全な生活態度の形成、学校給食と望ましい食習慣の形成など」は何が言いたいのかよくわかりませんが、「生徒に守らせるこまごまとした事柄を決める」ということのようです。

実は外国の学校には「学級会」というものがないところがたくさんあります。ですから日本の「学級会」とは何か？　と外国の人に説明するのが難儀なのです。私は実は上記の学習指導要領の内容を説明したことがあるのですが、「は？　なんで学校に何を食べるか指導されなくちゃいけないわけ？　で、それをなんで学生が勉強する時間を費やして話し合うの？　はあ？　授業の後に話し合いの時間がある？　何それ？」と言われました。

外国の学校にも簡単なホームルームのようなものはありますが、日本のようにいちいち級長を選んで挨拶やこまごまとした決まりを話し合うような仕組みは世界的に見ても珍しいのではないでしょうか。生徒や学生、先生は学級会の運営に時間をかけます。先生は話す内容を考えなければなりません。授業が終わった後にホームルームの時間や、週一回程度「学級会」の時間が1時間ほど取られていたりします。放課後に特別な時間を取って運営することもあるでしょう。

しかし、これをやっていると、先生の帰宅時間は遅れますし、生徒だって学校に長く残らなければなりません。そもそも、ゴミの捨て方やら、給食をちゃんと食べろ、風邪に注意しろ、等々をいちいち時間を取って、学生が話し合う理由はあるのでしょうか？　ネットの掲示板やアンケートで済んでしまいそうなものが多そうですし、そもそも、給食の食べ方が悪いなどは個人の責任であって、学校があれこれいうことではないでしょう。

それに、学級会が悪口大会、クラスの誰かの「つるし上げ」大会になっている所だってあるでしょう。私が小学校の頃も、いじめられている子が学級会で「何ちゃんが万引きしました！」「何ちゃんは臭いです」とつるし上げられてしまったことがありました。その子は特に何をしたというわけではなく、お父さんとお母さんが離婚していて片親家庭で、家にお金がなかったので、服や持ち物が他の子供とはちょっと違っていました。しかも異なる地方で育ったので言葉に訛《なま》りがありました。また、中学校の時は、やはりいじめられていた子が、学級会でみんなが嫌がる係を押しつけられたり、絶対に無理なのに合唱の伴奏をやれと無理強いされていたことがありました。クラスの多数決で決めるから、その子がつるし上げになってしまうのです。そういうのを見ていて「やめろ」と止めなかった自分も情けないですが(今謝罪したいです)、こんなふうになってしまう学級会っているのかな? と思っていました。周囲の空気や、陰湿な掟である「社会規範」に従ってみんなに合わせないと、自分がいじめられたり村八分になるかも、という考え方は、実は学級会から始まっているかもしれません。

日本の外では学級会なるものがなくても回っている学校が数多くあります。学級会がないから非行に走る、規律がない、というわけでもありません(大体、先進国であっても、治安が悪い所にある学校は、話し合う問題は「給食の食べ方」ではなく、「銃を持ってこないでください」「使用済み生理用ナプキンを廊下に投げるな」「同級生を刺すな」「授業中に先生を殴るな」「監視カメラを壊すな」だったりしますので、話し合いでどうなるという生易しい話ではありません)。日本の学校の学級会で話し合う内容は、本当に必要なものでしょうか? 給食の食べ方や、上履きをそろえるかどうかをグチャグチャと話し合うことは本当に大事なことでしょうか? 学級会の教育効果というのはいったいなんなのでしょうか?

3. 入学式と卒業式

外国人がびっくりすることは、日本の学校や幼稚園では、卒業式や入学式が恐ろしく華美で、準備に大変な時間をかけることです。なぜびっくりするかというと、卒業式や入学式というものがない国が少なくないからなのです。イギリスの場合、最近はアメリカの真似をして、派手な卒業式などをやる所もありますが、基本的に日本のような派手で形式張った入学式や卒業式はありません。さすがに大学は卒業式がありますが、それでもアメリカに比べたらずいぶん簡素なものです。

イギリス人やイタリア人、フランス人、ビルマ人の友人達は、日本の小学生が着用する入学式用の「衣装」が何万円もするのを見て目を回しました。「たった一回しか着ないような子供用のスーツが何万円もするのをおかしいと思わないのか、着なければいけない決まりはあるのか？」という質問が飛び交いました。スーツを見て「まあかわいい」というのではなく「これは無駄ではないか。親は小さな子供を抱えて生活が大変なはずだ。それなのになぜこんなに華美な服装をするんだい？」と聞きます。

私のイギリスやイタリアの同僚の子供がいる女性は、日本のファッション雑誌に「入学式のママ向けのファッション」なる特集記事が掲載されているのを見て目を回しました。

そして、外国の友人や同僚達がさらに驚いたのは、日本の学校ではこの入学式や卒業式というものをやるために、生徒や先生が何時間も体育館などに集まり、歌やお辞《じ》儀《ぎ》の練習を延々とやることです。卒業するのは生徒自身であり、別に独裁国家の軍事教練をやっているのではないのです。卒業するのにお辞儀や歌をきれいに歌うことが必要というのは別に法律で決まっているわけではありません。それなのに何時間も練習をしなければいけません。誠に不思議です。練習するのに先生の負担は大変なものですし、学生はその間本来やるべき勉強ができません。

先生や生徒の負担という意味では、運動会や文化祭などの季節の行事も同様です。外国ではそういう行事はあまりなく、あっても非常に簡素です。

こういう行事を通して礼儀や集団行動が身につくのだ、という方もいるかもしれませんが、たかだか数時間の行事の練習でいったい何が身につくというのでしょう?それよりも、世の中の仕組みを学んだり、何か生活に役に立つこと、例えば地震が起きた時にサバイバルする方法や、救急救命法、金融商品の選び方、労働法などを学んだ方が、ずっと役に立つのではないでしょうか？

そして、何より、誰も楽しいと思っていないかもしれません。なぜ楽しくないことを、先生も生徒も延々とやっているのでしょう？　入学式や卒業式をやるなら、もっと簡素化して、楽しくワイワイやる会にしたっていいじゃないですか。人生は短いのですから。なぜ寒い体育館や炎天下で延々と練習をしなくてはいけないのでしょう？縁もゆかりもない来賓や政治家のつまらない挨拶や、実はみんなどうでも良いと思っている行進やお辞儀は必要でしょうか？

4. 部活やクラブ活動

日本の学校では部活やクラブ活動への参加が当たり前です。参加しない人は「帰宅部」という不思議な名前で呼ばれています。練習は厳しく、夕食の時間近くまで練習する部活やクラブもあります。

私の外国の友人達は、「なぜ参加が義務になっているのか？」と疑問を抱きます。だいたい、課外活動というのは、学生が自分の楽しみのためにやるものであって「やるのが義務」というのは何だか変です。例えば、部活やクラブ活動に自分の好きなことがない人はどうすればよいのでしょうか? 学校にはスタートレック部やフィギュア部なんてありませんし、カバディみたいなマイナーなスポーツだってありません。

また、部活やクラブ活動をやらないとろくでもない人間になる、非行に走る、と言う方がおります。でも、帰宅部の生徒と部活動をやっている生徒を比較して、帰宅部の生徒の素行に問題がある、という統計調査でもあれば納得できますが、そういう証拠を出してくる方はおりません。部活動やクラブ活動は自由参加で、学生の多くは地域のクラブチームに所属している、という国だってたくさんありますが、そういう国で、素行不良の学生が実際に多いかどうかは疑問です。

それに、部活動やクラブ活動を経験しないと、リーダーシップや集団行動が学べないという方もおりますが、元帰宅部の生徒や、病気などで学校に通えなかった人が社会に出てからリーダーシップを発揮していないという証拠があるわけでもありません。例えば、松下幸之助《まつしたこうのすけ》さんは尋常小学校中退で9歳から丁稚奉公《でっちぼうこう》に出ていたため、部活動などやっておりませんが、素晴らしいリーダーシップを発揮し、パナソニックを一代で築き上げました。アップル創業者のスティーブ・ジョブズさんだって部活やクラブ活動に熱心に取り組む代わりに、学生時代から自分で商売をやっていたのです。別に部活やクラブ活動に参加しなくても、実社会や私生活でリーダーシップを学ぶ方法はいくらでもあるのです。それに、そもそも集団行動なんて、生活していく上では重要なことではないのかもしれません。

5.意味がわからない規則

日本の学校には形骸化した規則が多すぎる気がします。そういう規則やしきたりに従わなければならないので、学生も親も疲れ果ててしまう気がします。例えば、学校による持ち物の指定は良い例でしょう。小学校や幼稚園だと、個人の持ち物に「こういうふうに名前をつけなさい」「袋に入れて来なさい」と細かい指定があります。外国でも私立の学校にはこういう規定がある所もありますが、公立の学校だと日本ほど細かくありません。そもそも面倒くさいのでそんな規律を決めて紙に書いて配る作業を先生が嫌がるでしょう。

外国の学校だと、体操服なんか鞄にいきなり詰めたり、紙袋に詰めて来たり、スーパーのビニール袋に詰めておしまい、ということがあります。服や靴を何に入れようが、そんなことは個人の自由です。文房具だって同じです。いちいち名前をどこにどういうふうに書け、と注意されない所の方が多いです。私のイタリアやフランスやアメリカやイギリス、中国、それにケニアやボリビアの友人に「日本の学校では文房具にこうやって名前を書け、体操着を入れる袋に名前をつけろと言われるのよ」と教えたら「それは親の手間が大変だし、生徒は刑務所にいるのですか? そもそも日本は窃盗が少ないんでしょう? なぜそんなに細かいことを言うの? 名前をつけても盗まれる物は盗まれるから意味がないのではないか? それより鍵付きのロッカーを準備したら?」と言われました。

勉強する時に道具があればいいのですから、誰が何に鉛筆やボールペンを入れてこようがいいではないですか。なくそうが盗まれようが、それは管理する個人の責任です。嫌なら名前や目印をつければ良いのです。いちいち先生が「あれにしろこれにしろ」と言うのは面倒だし、準備する親だって学生だって面倒です。だから、イタリアやイギリスやドイツには、日本で売っているような、アイロンで服や袋にぺたっと貼ることができる名札や、『子供が学校で使う袋を作る方法』という手芸の本がないのです。そもそもミシンだってあることはありますけど、あまり使いませんので種類がありません。

学校の本質は勉強をすることであって、学校の規定通りの物を持ってくるかどうか、は重要ではないはずです。世の中に出て仕事をする時に、会社で「何々を持って来なさい」とうるさく言われるでしょうか？　軍隊や宇宙飛行士、危険物を取り扱う工場などでは言われるかもしれませんが、それは学校で指導されなくても身につくはずです。大人なら理解できるのですから。学校で持ち物のことを細かく言われない国の人でも、大人になれば、職業で必要な物や服をそろえて仕事をしています。それを見ていると「日本の学校で教育と称してあんなにうるさく持ち物のことを言うのは、いったい何が目的なんだろう？」と疑問がわいてきます。

6. 掃除

外国の人がびっくりすることに、日本の学校では生徒が自分たちで教室などの掃除をしている、ということがあります。びっくりしている理由は「なぜそんなことを学生にやらせるのか？　まるで学生が清掃業者みたいじゃないか？」なのです。これは決して清掃業者をバカにしているのではありません。他の国では、各自の職業分担というのが明確で、各自がプロとして自分に与えられた仕事をやった方が効率が良い、という考え方があるからです。小学生に掃除をやらせても、清掃のプロの大人が掃除するのに比べたら、隅々まできれいになりませんし、片手間で掃除するので床や窓などはきれいにすることができません。プロであれば掃除のノウハウを知っているし、専門の道具や洗剤を使うことが可能です。

それに、生徒の掃除のやり残しや指導は先生の仕事になってしまいます。先生は教えることが本業である「知的労働者」のはずなのに、校内の清掃の指導やチェックまでやらなければならないのです。これは、例えば会社であれば、大手の企業がプログラマーや会計監査人に会社の掃除を毎日やらせるのと同じです。これでは疲れ果てて本業がおろそかになってしまいます。学生の親は、自分が会社で経理や営業や開発の仕事で忙しいのに「会社の掃除もやりなさい」と言われたら怒らないのでしょうか?

U.S.Newsで取り上げられていた日本の「掃除」に関する記事を紹介しましょう。

「Communing Through Cleaning」(掃除によるコミューン形成)
Adam Voiland US News 2007年3月18日

厳格な階層があることで知られている日本で、学校の校長先生が床に膝をついて何かしている姿を見るのは、なんだか奇妙だ。これは日本の学校における「お掃除タイム」なのである。一日15分間、生徒も事務員も先生も一緒になってバケツやモップを持って掃除をし、何でもかんでも磨くのである。ほとんどの日本の学校では掃除夫を雇っていないが、これはコストカットのためではない。学校を掃除する習慣は掃除により精神を磨くという仏教的習慣がルーツにあり、掃除というのは下層階級のやることだというローマを起源とする西洋的価値観とは異なるものだ。（略）日本の学校では学生は教科ごとにクラスを移動しない。教科ごとに異なる先生が教室にやってくるのである。この仕組みでは教室毎に学生がコミュニティを形成することを想定しており、少数意見を有する者に対して暗黙のうちに多数意見に合わせることを強制する「同調圧力」が働く仕組みになっている。例えばある学生が授業中に叫んだり、掃除をしないと、クラスの他のメンバーから圧力がかかる。

出典（http://www.usnews.com/usnews/news/articles/070318/26pitchin.htm）

もちろん、清掃に取り組むことで、規律や掃除の仕方を学ぶし、学校を大事にすることを覚えるから素晴らしい、という人もいます。例えば、イギリスの民放のテレビ局で放送されたドキュメンタリーでは、オジー・オズボーンというヘビーメタルバンドのヴォーカルの娘さんであるケリー・オズボーンさんが日本にしばらく滞在して、メイド喫茶で働いたり、中学校に通う、という企画がありました。ケリーさんは日本の中学校で生徒が掃除する姿を見て「信じられないわ! なんて礼儀正しい子達なの!!」と驚いていました。彼女の出身国であるイギリスや、今住んでいるアメリカでは、そんなことをする生徒は誰もいません。柄の悪い学校では学校を破壊することが日常茶飯事です。

日本の学校での学生の勉強量や、行事の多さ、規律の多さなどを考えると、掃除まで強制する必要はあるのかな、という気がします。掃除のやり方や他人と協力することは、家庭でも教えることができますし、地域で年齢の異なる人と清掃やボランティア活動に取り組むことで学ぶことだって可能です。

「クレクレ」「人任せ」こんなメンタリティが食いっぱぐれを生む！

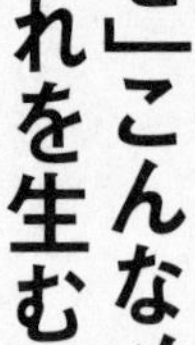

私にはTwitterやブログの「お問い合わせ」から、失業している人や、就職活動がうまくいっていない学生さんから、毎日さまざまな相談が寄せられます。「仕事がない」「今の生活が嫌だ」「結婚したいができない」「残業が多い」「英語ができない」「夫がどうしようもない」等です。

それに対して私が「ではこうしたらどうですか？」というと、以下のような答えが返って来ます。


「いや、それは無理だ。政府が悪い」

「英語ができないのは学校が悪い。すなわち先生の教え方と文科省が悪い」

「残業が減らないのは会社が悪い」

「夫が働かないのは夫に原因があり私は悲劇のヒロインである」

「アラフォーの私が結婚できないのは男性が私を選ばないからである」

「僕が就職できないのは時代が悪いから」

皆さん知的な人達ですから、問いかけに対して「何々だからできない」という「言い訳」を書くことが大変上手です。理屈も通っています。しかし、どの回答にも共通点があります。それは、**自分の今の境遇に関して「誰かが悪い」と人のせいにしていること**です。

「こういう問題がありますが、僕はこうしたら良いと思う。どう思いますか？」「こうやってみたけど失敗しました。でも次はこれをやろうと思います」

という「自発的」で「前向き」な「提案」がありません。提案ができる人というのは、自分で考えています。問題に真剣に向き合い、それを分析し、どうしたらできるか、と考えているのです。自分で考える代わりに、見ず知らずの私にTwitterで自分の悩み（大概はたいした悩みではないのです）を送って来て「解決して欲しい」「答えをください」と言っているようなのです。

Twitterやネットの掲示板を見ていても、毎日毎日書き込まれていることは「誰が悪い」「私はなにがしがやったことの被害者であり、環境の被害者である」ばかりです。その矛先は、会社であったり、夫であったり、政府であったり、原発研究者であったり、在日韓国人であったり、芸能人であったりとさまざまです。どうも日本ではこういう「誰かのせいにする」考え方を持った人がとても多いようなのです。

さらに、最近日本で売れている「自己啓発書」や、流行っている「自己啓発セミナー」や有名人による「人生塾」などを見てみたところ、

「あなたは悪くない。悪いのは時代です」

「昔はこうだったからうまくいった。今はこうです。だからあなたは悪くない」

と、「誰かのせい」にすることを推奨するような言葉のオンパレードで目眩《めまい》がしました。

要するに、**何でも人任せで、自分で責任を取りたくないのです。無責任です**

るくて、怠け者の人が多いのです。日本人が勤勉で責任感があるというのは大嘘だと思います。自分で考えることも、提案することも、行動することも、リスクを負うことも嫌な人達が多いのです。その狡猾《こうかつ》さや怠けが、延々と終わらない残業が当たり前になっている働き方や、醜い景観や、偽装ばかりの食べ物や、原発事故や、税金の無駄遣いを引き起こしたのではないでしょうか?やせたいのに何の努力もせず、ファーストフードの店を訴えてしまうような人と変わりません。

さらに、こういう人達は、自己中心的で無責任ですから、**人から「与えられる」のが当たり前と思い込んでいます。**町中のお店のサービス、公共サービス、学校の先生の無償残業、お店で貰えるおまけなど。自分が世界の王様ですから、貰えるのが当たり前だと思っています。Twitterでも、学生もいい年の大人も、やれ「何を教えてくれ」「これを調べてくれ」と見ず知らずの私にお願いしてくる人が毎日大勢います。外国の人からは来ませんから、誠に不思議です。

私はこういう人達を**「クレクレ詐欺」**と呼んでいます。貰えるのが当たり前で、自分は何もしないからです。

私は日本の問題の多くは、この「人任せ」と「クレクレ詐欺」が蔓延《まんえん》していることが根本にある気がしてならないのです。つまり、自発性のなさ、主体性のなさ、発想力のなさ、です。人任せで独自性がないからこそ、世界をあっと言わせるような斬新なサービスや商品が企業から生み出されない気がしますし、政府がやっていることも外国の政策の劣化コピーです。

世の中がうまくいっていて、安定している時代には「人任せ」でも「クレクレ」でも良かったのかもしれません。お金も物もたくさんあり、自分で考えて工夫しなくても何とかなったからです。しかし今は違います。個人の能力や個性が問われ、自発的に何かやる人が欲しい物を得られる時代です。今時流に乗っている会社や研究を見ていればわかりますが、求められているのは、独自性のある付加価値を生み出す人なのです。**言われたことを繰り返すだけの人、付加価値を生み出せない人には仕事はないのです。**

これを理解することなくして、何が「グローバル人材」だ！　と思うわけであります。

4章

文明未開の国
——本当に「貧困」な日本社会

「近代化」の大誤解——日本人を縛る「ムラ社会」の鎖

日本は世界で最も豊かな国の一つであり、近代化された国の一つです。近代化とは社会学の定義では、伝統的な農業を基盤とする社会から都市を中心とする工業化社会へと変化することです。学説によっては工業化社会への変化に、政治の民主化、法治化、職業の専門化と細分化を含む場合もあります。

ドイツの学者であるフェルディナント・テンニースは、社会の近代化が進んでいくと、地縁や血縁、友情で深く結びついた伝統的な社会は、会社や官僚組織、各種団体、各個人の資格、国家など、機能や人々の間の利害関係に基づいて作られたつながりを中心とする社会に置き換わって行くと提唱しました。近代化が進むと社会は利害関係に重きを置いたものになるので、人間関係は疎遠になっていくというのがテンニースの考え方です（フェルディナント・テンニース『ゲマインシャフトとゲゼルシャフト』岩波文庫）。

日本にはすでに江戸時代に高度に中央集権化された官僚機構（徳川政権）や、農村における協業社会がありました。それらを母体として日本は近隣東アジア諸国よりもいち早く近代化しましたが、利害関係や機能を母体とする組織が主体となっても、その内部に日本的伝統社会の特色が色濃く残っています。これは、40年以上前に書かれた文化人類学者である中根千枝《なかねちえ》氏の『タテ社会の人間関係』（講談社現代新書）を読むとよくわかります。

日本では社会が近代化した後も、個々人の資格や社会階級ではなく、社会は、職場や学校、家庭、地元など「同じ場所を共有した」ことが重視され、お互いのつながりを確認するために「私たちは同じ」という感情的な交流を重視します。これはすなわち、例えば会社に有能なプログラマーがいても、その人の能力を見て「あの人は何ができるから仲良くなろう」と思うのではなく「あの人とはAKB48のこの歌で盛り上がれるから仲良くなれるな。感じが良い人だ。今度飲み会に誘おう」と思うことです。

中根氏が指摘するように、日本では「あの人と私は同じ。だって心がこんなに通じるんだもの」という「感情を共有した」という行動が頻繁に取られます。それは、地域の祭りであったり、会社の終業後に行なわれる飲み会であったり、学校の文化祭であったり、会社の社内旅行であったり、仕事中のダラダラした雑談であります。感情を共有するような行動を共にしなかった人、例えば雑談に加わらず黙々と作業している人、異なる学校出身で文化祭を一緒にやらなかった人、新卒で同じ会社に入らなかった人、飲み会にあまり来ない人は、「あの人は仲間じゃないわ」と「村」の外に吐き出されてしまいます。

私は、このような日本の人々の心のありかたに、貧しさを感じます。感情を共有しない人はつまり、考え方や文化の異なる人です。成熟した社会とは、そのような異なる人の存在も認め、お互いの異なる部分を解しながら交流し、豊かな社会を作っていく場所のことをいいます。ところが日本では、異なる人は排除してしまいます。違いを認めて包み込むのではなく拒絶してしまうのです。それは、相手のことは考えずに嫌いな物は排除してしまうという野蛮な考えであり、嫌いな物を食べない幼児のような未成熟さの現れではないでしょうか。

このような傾向があるので、日本では「村」の内部の人には懇切丁寧な人でも、

「村」の外の人には慇懃無礼《いんぎんぶれい》に振る舞う人が少なくないのです。「村」の外と中の人に対する態度の違いは、日本の日常にあふれています。「ええ、そんなことないよ、俺は違うよ」と言う方でも、普段の生活を振り返ると「ああ、これは」と二、三気がつくことがあるのではないでしょうか。以下は「外」と「内」に対する態度の違いの例です。

- **仲間が汚職をしていても目をつぶってしまう真面目な性格の官僚**
- **能力は劣るが飲み会や会社の社員旅行での気遣いだけがうまい人が昇進している**
- **会社の人や近所の人にはバカ丁寧だがレストランの店員さんや宅配便の配達員には信じられないぐらい横柄な父親**
- **「外から来た人に先端技術を学びたい」と口で言っている課長は同じ大学出身の人としか仲良くしていない**
- **政策（何をやる）ではなく政局（誰と誰が仲がよい）ばかり気にしている政治家**
- **懇親会で同じ会社や同じ学校出身の人としか話さない**
- **その人の提供するサービスや商品をみて採用を決めるのではなく、友達の紹介で決**

める

・海外旅行に行き他の旅行者や地元の人のためにドアを押さえておいたり、手助けが必要な老人や子供に手を差し伸べない

・普段の生活ではバカ丁寧だが、インターネットの掲示板やソーシャルネットでは見ず知らずの人に対して毎日のように暴言を書き込んでいる

・同じ業界の他の会社の人と積極的に交流しない。勉強会をやって成功事例などの共有を行なわない

・価格も品質も劣る系列会社と何年もつきあっているが、低価格高品質のサービスを提供するスタートアップの会社は相手にしない

日本の外の近代化した国でも、多かれ少なかれ、上記のようなことはありますが、汚職防止法は厳しいですし、仕事は結果を出さなければなりませんから「何さんは付き合いが長いから」「何さんは友達だから」ばかり優先するということはありません。弱者に対しては「内」も「外」もありませんから、積極的に手助けするのが当たり前です。特に欧州北部では子供であっても当たり前のマナーです。どやされるのは助けない人です。

日本ではその「内」なる組織に所属していないと、なぜか鬱になってしまったり、病気になるほど悩んでしまう人が続出してしまいます。学校でも部活動や行事は学校の外で自分の好みの組織に所属してやれば良いのに、学内の組織に所属したがります。大学は勉強する所なのに、「サークルで仲良くできない」「語学のクラスでつまはじきだ」「お昼を食べる仲間がいない」と延々と悩んでいる大学生がいます。会社は仕事をする所だから、オフィスは個室であったりキュービクル（個人個人の机の周りを壁で仕切り、小部屋状にするオフィスレイアウト）の方が都合がよいはずなのですが「それでは周囲と話ができない。私はどうしたら良いんだ」と大騒ぎする人がいます。終業後に行なわれるので別に出席しなくても良い会社の飲み会の出席に真剣に悩む人がいます。

これはすべて**「内」に所属しなければならない、という思い込みから来る不安**の結果なのです。

日本の外では、そんなことで悩む人は多くはありません。会社は仕事をする場所ですから、仕事を終えたらさっさと家に帰ります。大学は勉強する所だから勉強ができれば良いのです。別に仲間に入れてもらえなければ、それはそのグループと気が合わなかっただけで死ぬような問題ではありません。会社に所属していないのは死ぬか生きるかの問題ではなく、単にそういう働き方をしているだけです。別にそれで個人のアイデンティティがなくなってしまうわけではありません。

なぜこんな思い込みをしている人が少なくないかというと、日本の社会は近代化しているのにもかかわらず、実際は「縦社会」の掟や、「内」と「外」の概念が色濃く残っているからです。近代社会の前提である「機能や利害を前提とした関係」が社会の主体になっていないのです。これは日本的なユニークな点だと言えますが、表では近代化しているように見えて、実は、近代社会以前の社会の仕組みや因習、習慣などが思った以上に色濃く残っているのが日本社会なのです。

日本に住んでいる人はこれになかなか気がつきませんが、外からやって来た人々は、短期滞在や長期滞在の際に、「近代化の裏に色濃く残る日本独自の社会や習慣」

を目にし、大変驚きます。

例えば、外国の人が驚くのは「地鎮祭」です。日本人は世界最高の耐震設備を備えたハイテクビルを建てたり、世界最高の技術を駆使した新幹線を作ったりする技術力があり、それらを効率よく運営する洗練された組織に労働力を持っているのですが、いざ、ビルを建てるとか、新幹線を走らせるとなると、なぜかシュライン（神社）からエクソシストらしき人（神主さん）がやってきて、そのハイテクビルや新幹線に対してみんなで「うーうーあーあーあー、あいやー」と、棒を振り回して祈っているのです。祈るだけではなく、いきなりお酒を飲み始めたり、塩をまいたり、屋根からライスケーキ（餅）を投げたりします。さらに新幹線や車や建物を、よくわからない枯れ草や紙でグルグルまいて、なぜかその周りで、エクソシスト的若い女性（巫女さん）が踊っています。これを見て「目の前で起こっていることは、なんというか、インディアナ・ジョーンズ的な光景なんだが、でも俺はこの国に半導体開発の打ち合わせに来ているんだよな……」と混乱していた外国人を私は知っています。

祭りの時期になると、普段は半導体を設計している博士号を持った日本人が、いきなりTバックの布（フンドシ）で局部を覆い、マイナス何度の気温なのにもかかわらず、水をかけられながら、何か神様をまつる神殿らしきキラキラしたもの（神輿）を担いで、海に突進していったり、燃え盛る火の上を歩きます。そして、仕事仲間である研究者や上司の前で、お酒を浴びるように飲み、酔い潰れてしまいます。かと思うと、都心近くの町では男性のイチモツをみんなで担いで練り歩く祭りがあったりします(ご存知、神奈川県川崎市の金山神社で行なわれる「かなまら祭り」)。その神社の境内では未成年が男性器や女性器の形をしたアメをべろべろと舐めています。ちなみに、神社にはなぜか野菜が祭ってあり、みんな野菜に対してありがたそうに祈禱《きとう》していま す。「来年もたくさんお金を儲けたい」「もっとやりたい」「やせたい」と、いう「激しく世俗的なお願い」を、神様にお金を投げつけながらお願いします。その上、神社では「学校に受かりたい。山田正」「Daigoといつまでも一緒☆ Love U みきてぃ」などという「凄まじく現世的なお願い」を木の板に書いて人々に見せびらかしてしまうのです。

誰かが死ぬと、墓石に何百万円ものお金を払い、「これは決まっていることだから」と、一本5千円ぐらいする木の棒(塔婆《とうば》)を買い、墓石の周りを飾り立てますが、それがプリンタで自動的に印刷されているものだと知っていても誰も怒りません。誰かが死ぬとモンク（お坊さん）にラップをやってもらうのに一回何万円も払いますが、そのラップがどういう内容なのかは、聞いている人は誰もわかりません。

また、理論的に考えればどう考えても危険なのに、日本人はレバーの生食やフグを大喜びで食べて、食中毒になっています。正月になるとどう考えても危ないのに老人に餅が提供され、喉から掃除機で吸い出すはめになります。国会ではこんにゃくゼリーの危険性と原発の危険性の両方が真剣に議論されます。精巧な電子機器を作る知性や、ノーベル賞受賞者をたくさん出している国なのに、行動はなぜか論理的ではないのです。「なんと摩訶不思議な人達だ」と思われるわけです。近代化しているようで、実は土着の習慣や社会の仕組みが色濃い不思議な国が日本なのです。

一方、この日本の「土着的な独自性」というのは、世界中のヲタクの外人さん、経営学者、民俗学者、政治学者、旅行マニア、食マニア、ガジェットマニアのマニア心を揺さぶり、日本から目を離せないという状況になっているのです。これは日本におけるインドマニアがインドの脂っこさに萌え、ロシアマニアがロシアの胡散臭《うさんくさ》さやカオスっぷりに萌えるのと似ております。高円寺《こうえんじ》の怪しげな「エスニックグッズ屋」に通ってしまったり、神田《かんだ》の古本屋ですすけたロシアの古雑誌を漁《あさ》ってしまう「あの」

人種です。

例えばですよ、世界広しといえども、見るからに性交のためだけに作ったというあの怪しげなたたずまいのラブホテルが、駅の真ん前とか高速道路の脇に堂々と建っていて、なぜか城のような形で、中にはグルングルン回転するベッドがある、というのは「何だか意味不明な謎」なのであります。喉に餅が詰まった老人を救うには掃除機で餅を吸ってください、と国営放送がテレビでクソ真面目に語る国というのは、もう日本しかないわけです。どう考えてもおかしいでしょう。ゴミを吸う掃除機で餅を吸い出せ！　と真面目に言っているわけで。吸わないと死ぬんです。でもそういう殺人フードを、懲りずに毎年食べてしまう、そして掃除機で吸えと全国で真面目に放送。これは「珍奇国」マニアの心にズギューンと刺さる炎の実弾射撃です。自衛隊に行けばなぜか戦車には萌え絵が描いてある。人殺すのに戦場に行く戦車に萌え。これもまた謎であります。世界のミリタリーマニア卒倒です。そんなのは北朝鮮にもアルバニアにもないわけです。そういうネタを珍奇国マニアは「へい、ゆーは日本はこういう国と知っているか？　俺は知っている。ふわっはっははっは！」と同志に自慢できるわけです。日本はそういうマニアにとってネタのドン・キホーテ（注：騎士ではなく、ヤンキーが大好きなあの雑貨屋の方です）なのであります。

日本はすごく自由な国だけど……

日本は近代化された国であり、法治国家です。表現の自由は保障され、国民は法をおかさない限りは、どんな仕事をしようが、何をして楽しもうが自由です。世界には、政府に反対するようなことを少しでも言ったら逮捕されたり拷問される国もあります。町中に秘密警察がいて常に監視されているような国もあります。性別や出生による差別が全くないわけではありませんが、それでも保守的な国に比べたらずっとましなのです。住む場所は制限されているので、勝手に引っ越すことができない国もあります。出国制限があるため、勝手に海外に行くことができない国もあります。日本のように国民が自由を享受できるような国は、実は多くはないのです。日本はこのように制度や仕組みの上では世界で最も自由な国の一つです。

ところが、日本では人々は思ったことをはっきり言わないし、表現しようとしません。制度の上では法治国家であり、近代国家ですから、何を言おうと、何をやろうと、法律をおかしたり人に迷惑をかけない限りは自由なのです。制度的にこんなに自由な国はあまりありません。しかし、もの言わぬ人の方が多いのです。その物言わぬ態度は、まるで北朝鮮や、秘密警察が巡回しているチュニジアの人々のようでもあります。

日本を支配する「世間様」という独裁者

例えば、神社に絵馬を飾るのはどう考えても不自然だ、人に自分の欲望を見せびらかすのは恥ずかしいだろう、と言う人はいません。そんなことは日本では当たり前のことで、疑問を抱く方が頭がおかしいのです。運転免許の更新の際に、日本では交通安全協会なる摩訶不思議な団体に加盟するように勧められますが、それに関しても、

表現の自由が保障されているこの国では、新聞や雑誌やネットを使って大々的に「あの団体は何か？」と抗議行動をやる人がいません。そもそもそんなことに疑問を抱く方がイカレているのです。

PTAの行事を昼にやるのはけしからん、働いている親も出席できる週末や夜にやれ、と言う人がいたら、学校では問題のある人、頭がおかしい人扱いされるでしょう。電車内の広告は目がチカチカするから撤去するべきだ、と言っても、それは「公共機関の景観に関する意見」ではなく「個人的なわがままだ」と言われるでしょう。会社で報告書や申請書をマイクロソフトのエクセルで作った方眼紙の上に書くのは変だ、海外ではそんな使い方をしないから不便で困る、と会社で意見しても、それは会社のための建設的な提案だとは考えられないことの方が多いでしょう。

この意見を言った人は、「こうすれば良くなると思う」と自分の想像力、発想を駆使して、仕事をする人のためになることを言っただけなのです。しかし日本の多くの会社では、「決まっていることだから、それに疑問をもつあなたがおかしい。会社の方針に反するのか？」と言われてしまいます。学校でも「私はこう思う」「俺の意見ではこうだ」と言う人は「あなたは毒舌家ですね」「何ちゃんははっきりしすぎだから嫌いだわ」と言われてしまいます。**自分の意見をはっきり言う人、人と異なった意見を言う人は「おかしい人」「異端な人」「決まっていることに文句をいうけしからん人」なのです。**

このように、意見を言う人に対して「お前はおかしい」と断定してくる人は「世間ではそういうふうに考えない」と口にすることがあります。「世間」を「世の中の人々」「学校のみんな」「会社の大多数」と言い換えることもあります。「世間」という言葉を辞書で調べると、以下のように書いてあります。

1　人が集まり、生活している場。自分がそこで日常生活を送っている社会。世の中。また、そこにいる人々。「―を騒がした事件」「―がうるさい」「―を渡る」
2　人々との交わり。また、その交わりの範囲。「―を広げる」
3　仏語。生きもの（衆生《しゅじょう》世間）と、それを住まわせる山河大地（器《き》世間）、および、生きものと山河大地を構成する要素（五陰《ごおん》世間）の総称。
4　人の住む空間の広がり。天地の間。あたり一面。

5　僧に対する一般の人。俗人。
6　社会に対する体面やそれに要する経費。
7　この世の生活。財産。暮らし。境涯。
（出典：大辞泉 http://www.japanknowledge.com/top/freedisplay）

「人が集まり、生活している場。自分がそこで日常生活を送っている社会。世の中。また、そこにいる人々」とは、つまり、そこにいる人々の意見を集めたものが「世間が言うこと」「世間で決められていること」ということです。つまり「みんなの言うこと」です。

しかし、「みんな」ほど曖昧でぼんやりとしたものはないのではないでしょうか？その「みんなの言うこと」は、紙に書いてあるわけでも、法律で決まってるわけでもありません。「みんな」さんが「正しい」ということは、公的な決まりではないのです。

中には「みんなの言うこと」に反対意見を持ち「俺、実はおかしいと思ってるんだ」という人がいるはずなのです。しかし、日本の多くの組織では、「みんな」さん

＝「世間」の決めたことは、決まっていることであり、口を挟むこと、疑問を抱くことは許されません。「決まっていること」に沿って、「決まっていること」をやったり演じたりするのが「好ましいこと」なのです。

つまり、意見を言う人に対して「お前はおかしい」と言う人が言う「世間」とは、日本社会における独裁的な「観念」であり、社会を支配する「目に見えない独裁者」なのです。北朝鮮で「首領様」の意向と異なることを言った人が暗殺されたり強制労働キャンプにおくられるように、日本では、「世間」に反する人は、社会の異端であり、抹殺されるべき有害分子なのです。

「空気」の功罪

この「目に見えない独裁者」は、日本では**「空気」**と呼ばれます。つまり、そこにあって当たり前の物、存在するのが自然な物、ということです。少し前にＫＹ（空

気が読めない）という言葉が流行りましたが、この言葉こそが「目に見えない独裁者」を肯定する考え方そのものです。「空気」は日本が近代化する以前、多くの人がまだ農村に住んでおり、狭い共同体の中で、一定の決まりを守り、共同体の中での秩序を維持するには便利だったかもしれません。「空気」＝「暗黙の了解」があったからこそ、日々の生活は円滑に進んだのでしょう。各自の役割は「空気」により定義され、与えられた役割を期待する通りに演じていれば、共同体の中での地位は守られました。年寄りは年寄りらしく、庄屋は庄屋らしく、役人は役人らしく、というふうにです。

この「空気」の存在は、日本における「社会資本」に貢献しており、商売や日々の生活を送るのに手間がかからず、物事が効率的に動く理由の一つである、と指摘する学者もいます。アメリカの日系人政治学者であるフランシス・フクヤマ氏は、『「信」無くば立たず—「歴史の終わり」後、何が繁栄の鍵を握るのか』（三笠書房）の中で、北米、ドイツ、日本を「高信頼国家」とし、イタリア、フランス、韓国、台湾を「低信頼国家」と分類しています。日本をはじめとする「高信頼国家」では、社会の構成員が慣習、宗教、強力な規範などを通してお互いを信頼しているため、商売をやる場合も相手を疑ってかかる必要がなく、スムーズに物事が進む。相手を最初から信頼することができる結果、心配したり、相手を調べたりするような「コスト」をかけずに仕事ができるので、経済発展に貢献する、と分析します。ドイツや日本の場合は「空気」が共通の規範となり、北米の場合は、法律や宗教などが共通の規範なのです。ですから、ドイツや日本ではあまり物事を口に出さなくても、仕事が前に進みます。

ちなみにこの「共通の規範」は、物事を円滑に進めるためのインフラストラクチャーという意味も持ち合わせています。それが前述の「社会資本」です。一方、「低信頼国家」は社会の構成員が、相手が血縁関係や友人でない限りは騙《だま》し合うことが多いため、安心して商売や日常生活を送れない、心配や確認作業などのコストが経済発展を妨げている、と説きます。また、フクヤマ氏はリーマンショック後に行なった講演では「お互いを信用しない人が増えているが、社会の発展には人々がお互いを信用することが大事だ。特にアメリカでは人々は互いに信用することの重要性を再認識しなければならない」と述べています（"Francis Fukuyama on Restoring Societal Trust" http://youtu.be/6Z7xMUa_sFk）。

ドイツとアメリカのスタートアップ環境の比較
（起業・新規事業立ち上げ）

図2

ドイツ	アメリカ
・IT系の会社はアメリカのコピーばかり	・独自の技術やサービスを全世界に展開するIT系企業がたくさんある
・大学はドイツ人オンリーに近く国際的とはほど遠い ・大学にお金がない ・大学には一般教養がなく専門に特化する。コースは柔軟性がなく幅広く分野を学ぶ機会がない ・エリートを養成する大学がない	・大学に資金が豊富 ・大学が国際的で多人種にオープン ・大学のコースが柔軟で一般教養がある。幅広い分野を学べる ・失敗を恐れない ・完璧でなくてもよい
・失敗に寛容ではない ・よそ者に寛容ではない ・完璧主義。未完成の物をリリースしない ・一回失敗したら終わり	・新技術はガレージから生まれる ・世の中をひっくり返すような革命的な変革が好き ・技術の商用化が上手 ・よそ者に寛容
・新技術は大企業から生まれる ・革命が嫌い。ある物を少し改良するのが好き	・助け合いの文化。見返りを求めない
・労働法は硬直的。人を雇うのも首にするのも大変。人件費が高い ・起業に税の控除がない ・コアな技術は生み出すが商用化がへたくそ ・起業後のビジネス展開コストが高い。欧州各国で言語も法律も異なるため商売がしにくい	・行政がスタートアップを助ける仕組み ・資金を得やすい ・ネットワーキングが盛ん ・さまざまな国の企業と協力 ・起業後のビジネス展開が容易。北米市場は巨大で英語で商売が可能

出典："Startup Culture: Germany and America Compared"
http://www.bunch-translate.com/2012/04/venture-capital-compared-usa-vs-germany.html と
Homework for a European startup ecosystem"
http://www.bunch-translate.com/2012/04/venture-capital-compared-usa-vs-germany.html
より筆者作成

しかし、この「空気」が行き過ぎてしまうと、自由闊達《かったつ》な発言や発想、因習や前例にとらわれずに自由なことをやる活発さが失われてしまいます。例えば、ドイツには失敗を許さない文化があり、前例を尊重しつつ、変化は徐々に、革命的な変革は好ましいものではなく、よそ者は歓迎しないという「空気」があります。斬新なサービスが生まれる北米やイギリスに比べて、インターネット系スタートアップのビジネスモデルはアメリカのコピーばかりで、創造性に欠ける、という指摘があります（Startup Culture: Germany and America Compared http://www.bunch-translate.com/2012/04/venture-capital-compared-usa-vs-germany.html）。

図2（179頁）のような、ドイツのスタートアップ環境は何となく日本に似ていないでしょうか？ 決まっていることは「当然だ」とする「空気」があるために、なかなか斬新なことをやったり言ったりすることが難しいのです。私にはドイツ人の友人や、ドイツに長年住んでいる日本人の知人がいますが、ドイツの組織では、さまざまな細かい決まりがあり、一度決めた決まりはなかなか変えません。会社では誰もが「馬鹿げている」と考える細かい決まりを守るために、無駄な仕事をしていたり、柔軟に対応できないことがあります。起業するにも細かい決まりがあり、お役所に対処

するのが一苦労です。決まっていることは決まっていること、として、なかなか変えようと言い出せない空気があるようです。

「空気」を読まない国は、当たり前だけどラク

一方、この「空気」は、イギリスやカナダやアメリカに行くと薄くなります。イギリスやその旧植民地では、大英帝国のDNAが生きているためでしょうか、「自分は自分、あなたはあなた」というふうに、周囲の反応などはあまり気にせず自由に生きている人が少なくない気がします。会社や学校での議論も盛んで、批判など平気です。イギリスはカナダやアメリカよりは控えめですが、それでも、日本やドイツでは想像できないような激しい議論をしますし、かなり突拍子もないアイディアを出す人も大勢います。

政府や宗教、政治家、有名人などの権威、学校、会社などに文句を言う人、抗議す

る人、訴訟を起こす人だって珍しくありません。会社との雇用契約で禁止されていない限りは、政治的なデモに参加する人も少なくありません。公務員も、医者も、先生も、電車の運転手も、航空管制官もデモをやります。凄い人は職場の仲間と一緒になって、いきなり国会に行き、国会議員を捕まえて不満を訴えます。学生だって黙っていません。自分の成績がおかしいと思えば、先生に直訴します。先生に不当な扱いをされたと思えば裁判を起こします。いじめがあると、「学校の対応がなってない」として学校を訴えます。先生側も、生徒に酷い扱いをされると、学校が管理義務を怠った、私の人権はおかされました、ということで、学校を訴えます。

職場で怪我をした人、病気になった人は、「良い就労環境が与えられなかった」と職場を訴えます。上司のやり方が自分の考えと違えば、部下は堂々と上司に「私はこういう意見だがどう思うか？」と言います。相手が年上だろうが関係ありません。学会や記者会見、セミナー、パネルディスカッションなどに行くと、知らない人の発表に対して「私はこう思うがあなたの意見はなんだ」「お前の発表は酷い」「何々は間違っている」と見ず知らずの人がずけずけと意見を言います。相手が有名な学者だろうが、政治家だろうが、作家だろうが関係ないのです。自分が違うと思ったこと、この方が良いと思ったことは、慇懃無礼な調子であっても、積極的に言うのです。

「自分は自分、あなたはあなた」ですから、キャリアパスも自由闊達です。歴史学者をやっていた人が突然家具職人になったり、中卒で建設業を幅広くやっていた人が不動産で一発あてて高校に入り直し、大学院まで進学して今は大学の教授をやっている、銀行員をやりながら映画制作会社をやっている、軍人だったが保育園の先生をやっているなど人それぞれです。日本であれば「世間に申し訳が立たない」「近所の人に恥ずかしい」「妻が文句を言う」「リスクが高い」「仕事を辞められない」などといって、こんな強烈な転職をする人はいないかもしれませんが、ここでは「世間」など気にしないので自由なのです。失敗しても死ぬことはないさ、ぐらいの感覚です。

オフィスや街中での服装も日本ほど周囲を気にしないせいか、好き放題な物を着ている人が少なくありません。通勤時にはスーツで決めているけども、長靴やビーチサンダル姿の人が大勢います。かっこいいコートの代わりに山用のジャンパーです。通勤時は短パンにTシャツで、会社に到着すると机にしまってあるシャツとズボンに着替えるという人も大勢います。競輪選手のような格好の人もいます。職場にハイヒールの靴を七足つめたスーツケースでやって来て、オフィスでいろいろ履き替えて「今日はこれにしたいけどあんたどう思う？」と聞く女性もいます。自分が心地よいか、楽しいか、が重要なので、周囲がどう思おうと関係ないのです。保守的な人が多いはずの金融街でさえ、厚化粧の人、髪の毛がぐちゃぐちゃの人、ピンクの水玉模様のネクタイにピンクのシャツの男性、緑色の髪の毛の人、全身入れ墨の人などさまざまです。なんと自由で面白いんでしょうか。

このように「世間」を気にしない土地から、株式会社、保険、近代式の水洗トイレ、パック旅行、自転車、パンク、ニュートン、ハイパーテキスト、ビートルズ、などが生まれたというのは何となくわかる気がします。「世間」を気にしていたら、そんな画期的な物は生まれなかったでしょうから。どれも生まれた頃は「頭がおかしいアイディア」と言われていたのです。

多様性を知らない国

日本にいると、なぜ「空気」があるのが当たり前だと思い込んでしまうのでしょうか。なぜどこかに「所属」しなければいけないと考えるのでしょうか。なぜ人と違うことを言ってはいけないと考えるようになるのでしょうか。その最大の理由は、**日本には多様性がないからだ**と思うのです。

日本の町中を歩いてみましょう。イスラム教の人、金髪の人、褐色の肌の人、ボツワナ人、クルド語をしゃべる人、カザフスタン出身のタジク人、ターバンを巻いた人、割礼を受けている人、エリトリアの元自由戦士に出会う可能性はあるでしょうか？　一生出会うことがない、という人の方が多いのではないでしょうか。朝の通勤電車の車両に、日本人以外の人はいったい何人乗っているでしょうか？　都心でさえも「ゼロ」ということが少なくないのではないでしょうか。

普段からさまざまな言語を話す人、さまざまな宗教の人、さまざまな政治信条の人など、世界のさまざまな人に触れていれば「あ、私の出身地の考えはさまざまな考えがあるうちの一つにすぎないんだな」ということがよくわかります。世界は大変広く、さまざまな考え方をもった人がおり、さまざまな習慣があるのです。日本で当たり前だと思われていることは、その中の一つにすぎないので「絶対正しいこと」ではないのです。正しいこと、常識と言われていること、慣習と言われていることは、土地や歴史が変われば往々にして異なるものなのです。

しかし残念ながら、日本は島国であり、古来から中国大陸や朝鮮半島、東南アジアからさまざまな人がやってきた、とは言っても、シルクロードのサマルカンド、ベネチアのように国際交易をやってきた土地でもありませんし、ローマやイスタンブール、ロンドンのように、大帝国の中心でもありませんでした。そういう土地に比べると、多人種、他宗教、多文化の人々の交わりは限られています。日本にもさまざまな国の人は増えました。日本にもアイヌや沖縄の方々、在日韓国朝鮮人の方々、在日華人の方がいるではないか、と言う方もいるかもしれませんが、移民の国であるアメリカやカナダ、オーストラリアなどの大都市や、ロンドンやパリのような都市に比べたら、多様性は限られています。例えばイギリスは、今や人口の25・5％が外国人の母親から生まれ、ロンドンのある地区では、77％の人が外国人の母親から生まれるのです。さらに2011年には人口の11％が外国生まれの人でした（Daily Mail "Quarter of Britain's babies are born to foreign mothers" http://www.dailymail.co.uk/news/article-2195695/Revealed-10-common-nationalities-foreign-born-mothers-gave-birth-NHS-hospitals-2011.html）（Number of foreigners in UK hits record 6.7m http://news.bbc.co.uk/1/hi/8402784.stm）。

移民の国ではないイギリスでさえ、最近ではこんなに外国人が増えているのです。田舎の方でも学校に外国人の学生がいることは普通ですし、ロンドンに至っては、金融やITなど外国人比率の高い職場では、チーム全員が外国人、同じフロアの人の半分以上が外国人などということは少しも珍しくありません。上場企業の幹部やサッカーの監督だって外国人です。大臣や国会の政治家でさえ、親が外国人、イギリス生まれではないという人が大勢いるのです。そもそも名前も見た目も、アングロサクソンなどではありません。ギリシャ系の人、ケニア系の人、インド系の人、ロシア系の人など本当にさまざまです。幼稚園の先生が外国人、市役所の職員が外国人ということだって珍しくありません。国籍は日本のままでも、市役所や中央政府で働いている人もいます。そういう人は大勢いますので、別に外国人が対応にでてきても驚く人はいないのです。公共交通機関の職員にはカリブ海生まれの方々が大勢います。アナウンスは強いカリブ海訛りのある英語です。タバコ屋さんやタクシーの運転手さん、大工さん、ペンキ屋さんだって外国人です。かなり田舎の方に行っても、カリブ系、中華系、インド系の食材を大手スーパーで売っています。特別な「エスニック食」を作るためではなく日常用ですから、イギリス人風に作り直した食材ではありません。現地から輸入した物がたくさんあります。インドのバスマティ米など10キロ単位で売っています。棚丸ごとが、ポーランドなどの食材になっている店もあります。外国人がたくさんいるため、そういう物が売れるのです。日本だったらそういう食材は、都内の大使館が多い地域の店や、ちょっと高級な食材を売るスーパー、輸入食材に特化した特殊なスーパーにしかありません。しかもそういうお店は都心や横浜、さらに外国人労働者が多い町にしかありません。

日本から飛行機でたった数時間の国でも、日本に比べるとうんと多様です。例えば、日本から飛行機ですぐのロシアのウラジオストックやハバロフスクに行くと、ウイグル系、グルジア系、ロシア系、コーカサス系、タジク系、中国系、中国に住んでいる朝鮮族、シベリアの少数民族が歩いています。異民族、異人種のカップルだって珍しくありません。

お隣の中国だって、56の民族が寄り集まっている国です。地域を移動すれば、人々が普段使っている言葉は、外国語並みに異なるのです。例えば同じ国の人とは言っても、海南《かいなん》省の人と四川《しせん》省の人は、まるで外国人同士のように異なります。日本で言うところの県民性などという違いではありません。普通話（公用語）を介さなければコミュニケーションできないのです。シルクロードの方にいけば、見た目はコーカサスの人にしか見えない碧眼、白い肌の人々がいます。しかし国籍は中国です。香港やシンガポールなどは東京など比べ物にならない多民族国家です。インド人が経営する屋台から、ロシア人がカレーを買っていき、南アフリカ人の同僚と食べるのです。それが日常の光景です。その近くのマレーシアやインドネシアだって、人は多様です。華人、イスラム教の人、インド系などが混ざり合って住んでいます。

　こういう土地では異なる考え方、異なる宗教、異なる物を食べる人が生活圏内にいることが当たり前なのです。このような環境で育つと「人は自分と違うのが当たり前なのだ」と思うのが普通になります。生まれた場所、育った場所、家庭の環境が違うのだから、考え方だって最初から違うのです。食べている物も祈っているものも違います。同じ人、似たような人しかいない方がおかしいのです。

「みんなが言ってるからこうする」セルフ洗脳の罠

　ところが日本はこんな環境ではありません。都心の一部を除いて、子供の頃から同級生も先生も日本人に囲まれて育ちます。外国人同級生がいたら大騒ぎになります。幼稚園や小学校の先生がソマリア人やボツワナ人ということはあり得ないでしょう。病院の医師や看護師さんは日本人ばかりなのが当たり前です。電車の運転手さんやバ

スの運転手さん、タクシーの運転手さんやパイロットも日本人ばかりです。

日本では、政治家の何さんは被差別部落出身だ、何さんは在日朝鮮人だというささいなことで大騒ぎする人達がいます。そんなことで大騒ぎしている人が、別の場所では「多様性」「国際化」「グローバル人材」などと放言しているのは何かの冗談でしょうか？　有名企業の経営者や取締役、高級官僚には外国人が少ないだけではなく、女性すら多くはありません。同じようなスーツを着て、同じような顔をした日本人男性がずらっと並ぶのが普通です。私はある日ある上場企業の会社説明資料を読んでいました。金太郎飴のように同じドブネズミ色のスーツを着た日本人男性が並ぶ写真の次のページには「我が社はグローバル企業を目指し、多様性を推進しています」と書いてありました。これも何かの冗談かもしれません。

テレビキャスターに肌の色が違う人、名前が明らかに外国人の人を見かけることはありません。テレビに外国人が出ても、その人達は、あくまで「添え物」「異形の者」にすぎず、自ら道化を演じたり、「珍しいもの」としてお笑いのネタにされる「消費財」です。動物園にいるパンダやゾウガメと変わらないのです。保育園の先生が元難民でも誰も驚かなかったり、30カ国以上の人が働く会社が普通にあるような国とは、多様性の深さが違うのです。日本の人のほとんどは、同じが当たり前、少々の違いも大きな違い、目立つのはいけない、という考えで育つから、日本では当たり前と思われていることは、広い世界の考え方の一つだけにすぎない、ということがわからないのです。

これを私は**「セルフ洗脳」**と呼びたいと思います。無理矢理洗脳されているわけではないのですが、自らが今ある状況に疑問を持つこと、異なる視点で物を見ることをやめてしまうことで、思考停止状態に陥ってしまうのです。**選択肢はあるのに、何も考えずに「これはみんなが言ってるからこうに違いない」と自分で自分を説得してしまうわけです。**例えば、駅前で勧誘していた「羽毛布団を売ってぁなたも秒速で1億円稼いでうっはうっは」というセミナーに3万円払って出席してしまったとします。セミナーの間、「あなたが親になって子分にこれを売ってこいと言えば、自動的に利ざやがはいってきて、秒速で1億円です！　まずは、お友達と親戚に羽毛布団をおすすめしましょう。これね、シベリアの希少品種のカバメラという動物からとっていて、地元の少数民族が手でこねてますからね、もう最上級品質。モンドセレクションでプラチナ賞とってますから。ホーキング博士も使ってますよ」ということを延々と聞かされると、あなたは「うーんちょっと考えるとおかしいんだけど、まあ3万払ったし。そう、儲かるんだよ。儲かるんだよ。隣の人も儲かるっていってるじゃん。俺と一緒に会場来てるタカポンだって儲かるって言ってるよな。だから儲かるってことなんだよ」と考え始めてしまう。要するにこうやって自分で自分を洗脳しちゃうってことなんです。

哲学がない日本人

日本はこのように雑多な民族や宗教の人が集まっている土地ではありませんので、前述したように、その人が所属する集団の「空気」＝「暗黙の了解」にそって、なんとなく各自の役割を演じていれば、特に自分の意見や立場を表明しなくても、日常生活は流れていきます。各自の役割は「空気」により定義され、与えられた役割を期待される通りに演じていれば、共同体の中で攻撃されることはありません。

これは、ネットの世界を見ていてもよくわかります。日本で個人の身元がわかるソーシャルメディアや掲示板では、「私はこう思う」という主張や議論を見かけることはあまりありません。一部そういう議論をしている人もいますが、どちらかというと少数派です。多くの人は、「何を食べました」「何のテレビが良かった」「何という気分ですね、ええ私もわかりますわかります」という当たり障りのない、いったい何が言いたいのか意味がわからない会話を繰り返しています。まるで、ふわふわした綿菓子のような、つかみ所のない会話です。

私がTwitterをやっていても、日本の多くの人から「私もそう思います」という返信が来たり、「これどうですか？」と私は特に興味を持っていない商品の写真や、音楽、などを紹介したウェブサイトのリンクが送られてきます。送ってくる人が期待しているのは「私もそう思います」「私も気に入りました。いいですね」という「感情の交流を確認するための返答」なのでしょう。しかし、私は嫌なものは嫌だ、気に入ったものは気に入ったという主義ですから、「興味がありません」「思うのは結構ですが、では、あなたはこのことに関してどうしたら良いと思いますか？　あなたの提案を聞かせてください」というと、びっくりして黙ってしまう人が少なくありません。私が期待しているのは、考え方やアイディアの交換、議論です。異なる考え方を聞いたり、自分と違う視点を学ぶことは面白いと思うからです。

しかし、そのような返答を送ってくる多くの人はそうは思わないようです。要するに単にフワフワとなれ合いたいだけで、特段「俺はこう思う」という意見があるわけでも、普段から考えているわけでもないのです。個々の役割が、「空気」というもので決められ、フワフワとした感情的な交流をしていれば「なんとなくいいんじゃない」と言われる社会では、別に普段から何をこうしたい、これはこうに違いない、こうした方がいいのに、などと考えていなくても何とかなってしまうのです。

「こうしたい」「これはこうあるべきではないか」と考える必要がないということは、つまりそこには「哲学」が存在しないということです。「哲学」とはまた、「人間がどう生きるべきか。どうあるべきか」を考える作業でもあります。**日本では、何か考えを突き詰めて議論するよりも、「空気」に合わせることの方が重要なので、「哲学」を学ぶ必要も、考える必要もないのです。**

日本で「哲学」が重要視されていないことは、子供がどんな教育を受けているかを見てもわかります。

日本の学校では「哲学」の授業は必修ではありません。歴史や政治経済、国語の授業で、哲学者の名前や歴史の「さわり」を暗記することはありますが、「なぜこの哲学者はこう考えたか」「老子は何を伝えようとしているのか」「この社会問題を哲学的な観点から考えるとどうか？」などといったことを議論したり、考えたりはしません。学校では、考え方、人としての生き方、あり方を議論する場は提供されないのです。

文章を書く時にも、何か物事を分析し、考えて「私はこう思う」「こうではないか」「このように考える方法もあるのではないか」と書くことを求められません。国語の授業では「思ったことを、ただ、ダラダラと書くだけ」の感想文が重要視されます。

「私は運動会をやって楽しかった。青い風船が飛んでいきました。お父さんお母さんとおにぎりを食べてよかったです」**だから何なのでしょうか？** 先生は「よかったですね。今年の運動会は例年にないよい天気でした」と当たり障りのない「感想」を書いたりします。別に生徒の芸術的な表現を磨くわけではないのです。「運動会のあり方を考察しなさい」「運動会が地域にもたらす意味を考察しなさい」などという課題を与えられるわけではありません。

海外ではなぜ哲学が重要視されるかというと、理由は簡単です。議論になった時に、理論的に物事を説明できる「素養」がないと、簡単に言い負かされてしまうからなんです。

哲学とは、例えば「無とはなんで〝ない〟のか？」「あなたと私は違う存在だが、なんで違うのか？」「殺人はなんで悪いのか？」「ゴッドとは何か？」というようなことを延々と考えたり議論する活動であります。かっこいい言葉で言うと「真理の追究」ですが、要するに「わからないことをグチャグチャ考えてみる」ということです。科学が未発達だった頃は、哲学者が天文学者や物理学者みたいなことをやっていましたね。「なぜ雷は起こるのか？」「なぜ星は輝くか？」などを考えていました。そういう「わからないことをグチャグチャ考えてみる」という訓練をやりますと、人様と議論になった時とか、生活していく上で「俺、この先どっちの方向にいくべきかな」なんて考える時に、きちんと理由を付けて、理論立てて考える力がつくわけです。

そして、そういうことを普段からやっていると、「俺のポリシーってこれ。この方向でいくわけよ」という矢沢《やざわ》永吉《えいきち》氏のような「これって俺のやり方ベイビーよろしく」な方向性が定まってくるわけですね、要するに「こいつはブレナイ」という奴です。

世界中、どこに行っても「ブレナイ」奴は尊敬されます。例えば、2ちゃんやTwitterやFacebookでも、アホウでも胡散臭くても電波放出型でも、ブレナイで、自分の道を行く人は尊敬されます。それは、どんなにキモいと言われても年下の嫁や彼女が大好きなカトちゃん（加藤《かとう》茶《ちゃ》氏）であり、どんなに「電波」と叩かれてもめげない池田《いけだ》信夫《のぶお》氏であり、どんなに怒られても「え、どういう意味ですか？」と流してしまうイケダハヤト氏であり、靖国神社で怒られてことり事務所の経営が危なそうでも右翼芸まっしぐらの鳥肌《とりはだ》実《みのる》氏であり、どんなに叩かれてもそれをネタにして本を書き稼いでしまう勝間《かつま》和代《かずよ》氏であります。

「ブレナイ」ということはつまり、「俺はこういう人、これで行く、うるせえ黙ってろ」ということを押し通せる力のことでありますが、政治家とか芸能人とかネット芸人と違い、一般人の場合は「あの人はああだから」で済まされません。「俺はこうだから」を下支えする「もっともらしい理由とかデータ」が必要です。例えば●●という行動をしているのは、△△だから、といった理由とかデータがあると、「ああそうね」と他人様を納得させられます。

そういう「もっともらしい理由とかデータを使って他人様を納得させる能力」の訓練となるのが「哲学」、あるいは哲学的思考なんであります。イギリスとかフランスとかアメリカの政治家の演説を聴いていると「まあ、よくしゃあしゃあとこういうことが言えるなあ」と感心を通り越して呆れますが、演説の筋は通っており、説得力は抜群です。そしてぶれません。右翼は右翼、左翼は左翼、マフィアはマフィア、元スパイはスパイ、独裁者は独裁者と、皆さん筋が通っています。自分の方針を変えません。山口組組員はいきなり稲川会に転職したりせず、ずっと山口組ですが、要するにそういうことです。己の所属する所を信条に沿ってばしっと決めている、そしてそれを簡単には変えないわけです。そういう「ブレナイ」人は、「裏切ったりしないだろう」ということで、人様に尊敬されるわけです。そういう「ブレナイ」態度を作るのが「哲学」というわけです。

ですから、人様にあわせるばっかりで自分の意見がない上、追従する意見もコロコロ変わる日本人や、人様の意見を暗記するだけで自分の考えも立場の表明もない日本人は「ブレまくりのゴミ野郎」として、人様から尊敬を得られないわけです。これはこの「ブレまくりのゴミ野郎」様たちが、幼少時より「哲学」の訓練を受けていないからです。ですから、いい年こいて「ブレまくりのゴミ野郎」な大人が、サンデル本（マイケル・サンデル『これからの「正義」の話をしよう』早川書房）を買いあさって「俺も賢くならなくちゃ！」と焦っているわけです。「ブレまくりのゴミ野郎」はそんな歯クソを読む前に、まず「俺は、いいか、ポテチは塩味しか食わねえんだＹｏ！理由？　お芋様に失礼だろ。いろいろ飾ったらよ。お芋様に感謝するには塩だけだよ、塩。わかったかこのゴミ！」と吠えるところから始めましょう。

5章

ドメ思考では取り残される！世界と日本のこれまでとこれから

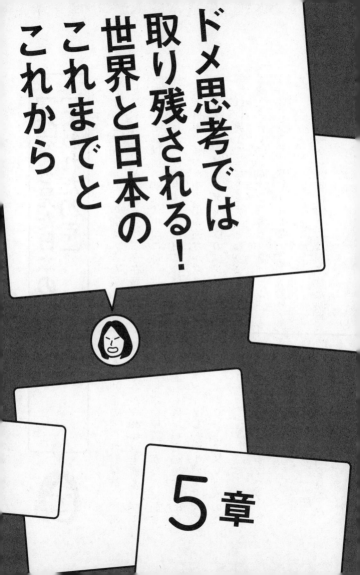

「外」から見た日本の「失われた20年」

日本はここ20年ぐらいの間に大きな変化を遂げました。一番の変化は、経済大国だった日本の経済力と世界における存在感の低下でしょう。今から20年以上前のバブル末期や、それ以前の80年代中頃には、世界の先進国では「日本脅威論」が盛んに語られていました。今の中国以上に日本の経済力や存在感が恐れられていたのです。80年代には日本の優秀さや文化の強さからアメリカは学ぶべきだ、としたハーバード大学のエズラ・F・ヴォーゲル教授の『ジャパン・アズ・ナンバーワン―アメリカへの教訓』は世界中でベストセラーとなりました。

ところがいつの間にか日本は中国、インド、インドネシアなどの「アジアでダイナミックに発展する国」の陰に隠れて見えなくなってしまいました。

70年代後半から90年代前半に公開された映画やテレビ、発行された書籍を見ても、日本の影響力がいかに大きなものであったのかがよくわかります。誤解山盛りの「はあ？？」という内容の物も少なくないのですが、それでも日本を題材にした物が制作されたり出版されていたということから、日本が随分注目を浴びていたんだなあというのがよくわかります。ここでは、映画を例に、この20年を見てみたいと思います。

まず、その筆頭は1980年にアメリカNBCが制作したドラマシリーズである「SHOGUN」です。日本に漂着したイギリス人船大工である三浦按針《みうらあんじん》ことウイリアム・アダムスの生涯をモデルにしたベストセラー小説を元にした作品で、「世界の三船」こと三船敏郎《みふねとしろう》さん、フランキー堺《さかい》さんなどが出ています。なぜかこの作品、英語圏では「凄いニンジャ映画」といっている人もいるのですが（とりあえず全部ニンジャ）、時代考証などには少々難があるものの、壮大な歴史ドラマに仕上がっていますす。アメリカだけではなく、イギリスなどの英語圏でも大ヒットしていたため、今の40代以上のイギリス人などと話すと「あの『ショーグン』は凄く良かった」などという人がいます。

80年というのはちょうど日本経済が躍進していた時期です。日本では1964年に東京オリンピックが開催され、1970年には大阪万博が開催されます。当時は労働力がまだまだ安かった上、誰もがモーレツに働いていた頃だったので、原材料を海外から輸入し、加工して輸出するという加工貿易で儲けていました。日本の名目経済成長率は、1970年代前半に15・1%、70年代後半には10・1%という状態で、高度経済成長期にあたります。まさに、今のブラジルや中国、インドのような状態であったわけです。

サムライとかニンジャがいて伝統的なはずなのに、ハイテク商品がどんどん輸出されてくる、それにちょっと前は北朝鮮みたいな独裁国家で、焼け野原のはずだった日本とは何ぞや？　と思う人々が海外には大勢いたのです。なにせ当時、品質の悪いアメリカ製やイギリス製の車や家電の代わりに、日本製の物が次々と家の中に増えていたからです。「何ぞや？」と思っていた人々に、異国情緒満載の「SHOGUN」が大ヒットしたのはわからなくもありません。

家の中にあふれている家電や車を作っている人々は、なんだか違う惑星の人々のように不思議な文化を持ったミステリアスな人々なんだなあ、というのが刷り込まれたわけです。

ちなみに、トム・クルーズ主演で、渡辺謙《わたなべけん》さんや真田広之《さなだひろゆき》さんなど、日本の有名俳優さんが出演した「ラスト・サムライ」は、どうみても「SHOGUN」のまねっこというか、「トム・クルーズが『SHOGUN』の主人公みたいなコスプレをしたいがために作ったんだろうな」という気がしてなりません。着物の色味、髪型、ひげを生やしてるところなど、どうみても、三浦按針を演じたリチャード・チェンバレンにしか見えません。

それを考えますと、「SHOGUN」が、今40代以上の北米や欧州の人々に、もの凄いインパクトがあったんだろうなあというのがわかるわけです。80年代に日本で「V」や「エアーウルフ」などのアメリカ製ドラマや、シルベスタ・スタローンやアーノルド・シュワルツェネッガーの映画を見て育った30~40代の日本人のアメリカ観に、そのようなドラマや映画の影響が小さくはない、というのと同じです。ちなみに、私が家人と会った頃も、「彼女はジャパニーズ!!! おう、『SHOGUN』、そうだ、あれだ、『SHOGUN』だよな!!」と思ったそうであります。

なお、同じ頃に作られたＳＦ映画には演繹《えんえき》的に日本人を示唆するキャラクターがでてきます。その代表作は、何と言っても「スター・ウォーズ」です。ルーク・スカイウォーカーをジェダイの騎士として訓練するヨーダが出てきますが、ヨーダの見た目も、英語のアクセントも日本の老人であります。英語に関しては、日本人がしゃべる英語そのまんまの喋り方で話しています。例えば、日本語だと名詞や目的語を略してしまうことがありますが、ヨーダはそのまんまのしゃべりをしています。アナキン・スカイウォーカー、ルーク・スカイウォーカーをジェダイの騎士として訓練するオビ＝ワン・ケノービは、元々三船敏郎さんに役が依頼される予定だったので、日本の武道の達人風のキャラクターです。

また、１９９９年から２００５年にかけて作られた同作品のエピソードⅠ、Ⅱ、Ⅲには、通商連合の最高権力者であるヌート・ガンレイというエイリアンが登場します。このエイリアンは、狡猾な人物で、共和国を攪乱したり、後の帝国の皇帝であるシスの暗黒卿の手助けをしています。しかし、このエイリアン、どうみても日本人サラリーマンの英語をしゃべっています。アクセントだけではなく、用語や表現方法（傲慢《ごうまん》な感じでしゃべる）までそのまんまです。ネイティブであればちょっと聞けばわかるのですが、日本人で気がついていた人は多くはないと思います。アメリカでは「東洋人に対する人種差別ではないか？」という抗議の声があったほどです（Fu Manchu on Naboo By John Leo US News http://www.usnews.com/usnews/opinion/articles/990712/archive_001413.htm）。

ジョージ・ルーカス氏は、カリフォルニア出身で、スティーブ・ジョブズ氏のように、東洋文化に強い影響を受けたニューエイジ世代なので、「神秘的な日本」が同作品の中にやたらと出てくるのはわかる気がします。「スター・ウォーズ」の「神秘的な日本フレーバー」が当時の若者の心をがっちりつかんだことはいうまでもありません。

「ガン・ホー」とジャパンバッシング

「ガン・ホー」という映画も当時の日本観を知るのにもってこいの作品です。この

映画、日産がテネシー州に工場をオープンした際に日産側と地元で激しい文化摩擦が起こった、というネタを元にしています（アメリカのCBS放送のニュース番組である「60 Minutes」で放送された）。日本のバブル経済が最高潮に達するほんの少し前である80年代半ばに制作された作品です。日本は世界第2位の経済大国になり、日本の1980年代後半の実質経済成長率は年率で4〜7％で、株価や地価などの資産価格が急騰しはじめた頃です。これは後にバブルと呼ばれるようになります（バブルの生成と崩壊は1991年以降の長期の経済停滞の要因とされています）。1985年9月のプラザ合意により円の価値がドルに対して大幅に伸び、円高となります。以前より少ない円で、より多くのドルを買うことができるようになったので、海外の物、不動産がやたらと安くなったわけです。

このように、円高と経済力を背景に、イケイケどんどん状態で、世界中の不動産や会社を買いまくり、日本製の製品は世界を席巻《せっけん》していました。ちょうど今の中国の起業家やお金持ちが世界中の不動産を買いまくっている状態に似ていますね。新卒の学生は「お願いだから就職してください」と会社から頼まれるぐらいで、就職すれば給料は絶対に上がり、アルバイトで生活していた方が儲かるから、とフリーターになる人も出るほどでした。日本全体がイケイケどんどんの雰囲気に包まれ、暗いニュースはあまり登場しませんでした。テレビにはお気楽なバラエティー番組や、謎のトレンディー・ドラマがあふれ、アニメなども単純で明るいものが多かったように思います。

一方、アメリカは財政赤字と貿易赤字によって国全体の財政が危ぶまれていました。景気が悪く、製造業の工場は閉鎖され、多くの会社が倒産しました。日本からは多くの物が輸入される一方、アメリカからの輸出は減っており、巨大な貿易赤字が問題になっていました。アメリカのメディアや社会では「日本が悪い」「日本は卑劣」という「ジャパンバッシング」が盛んであり、日本車や日本の家電製品を叩き割るパフォーマンスをする人々がいるほどでした。

こんな時代のさなかに作られた「ガン・ホー」では、アメリカの片田舎に進出した日本のアッサン自動車と現地のアメリカ人の軋轢《あつれき》が描かれています。この会社、当時世界中で恐れられていたモーレツジャパニーズサラリーマンで構成された絵に描いたような日本企業で、精神論、軍隊的統率、残業、休日出勤、朝礼、社員旅行などが大好きな会社です。中西部のド田舎にある町では、当時アメリカの不況のあおりを受けて地元の雇用のほとんどを担っていた自動車工場が閉鎖されてしまいます。町と住人を救うため、マイケル・キートン演ずる住民代表が日本に向かい、アッサン自動車を誘致します。自動車工場労働者が大半で、保守的なアメリカ人ばかりのド田舎にそんなモーレツ会社が来たものだからあら大変。初日から、日本式を押しつける日本側と「今まで通りで何が悪い！」と激怒するアメリカ側が対立します。

それでもめげない日本側は、朝のラジオ体操や制服の着用、社員みんなで川に浸かって精神修行、休日も夜も働く怒濤《どとう》のような労働を押しつけます。日本側の描写が「絶叫している」「泣いている」「日本人管理者の日本語がなぜか異様に怪しい」「着物を着た人が出てくる」「上司に竹刀で殴られる」「なぜか日本人が一斉に名刺を差し出す」「レッドカーペットの上を靴を脱いで歩く」「社員が眼鏡で出っ歯」「重役がロボットのような無感情人間」など、どこぞの将軍様の国、ブラック会社も真っ青な凄まじいトンチキ描写の連続で度肝を抜かれます。しかしこの映画、一応文化背景などをチェックするハリウッドの人が関わっていたらしいので、当時の日本認識はまあ、こんなものだったのだろうというのが何となくわかります。

最初の方はトンチキ描写が主でしたが、映画が進むにしたがって、アメリカ側にも変なところがあるな、日本にも良いところがある、と日米がお互いを理解するようになり、最後には目標台数の車を生産するためにアメリカ側と日本側が協働する、というアメリカ映画らしいハッピーエンディングな筋書きになっています。

少々誇張された部分はありますが、日本とアメリカの文化の違いをうまく描いた映画であり、当時の日本はアメリカ側からはどのように見られていたかというのがよくわかります。映画の冒頭では「日本は違うんだ」「日本人はこのように恐ろしい」という「日本脅威論」を裏付けするような調子でしたが、後半部の「日本のやり方にも良いところがある」「日本の製品にはなぜ欠陥が少ないのか」といった部分には「今うまくいっている日本から学ぼう」という姿勢が読み取れます。

ちなみに、ガン・ホー（Gung Ho）とはアメリカ英語の俗語で「一緒に働く」という意味で、中国語の「工合」（gōng hé）が元になっているとされている言葉です。第二次世界大戦中にアメリカ海兵隊を率いていたエバンス・カールソン中佐が「アメリカ兵にも中国兵のように協力し合って一緒に働くことを学んでほしい」との願いから、海兵隊においてこの言葉を使い始めます（GUNG HO! ACCORDING TO EVANS F. CARLSON ETHICAL INDOCTRINATION http://www.angelfire.com/ca/dickg/gungho.html)。この言葉が有名になったのは、1943年に制作された「Gung Ho!」と呼ばれる映画です（http://archive.org/details/Gung_Ho)。この映画は、ギルバート諸島ブタリタリ環礁（マキン環礁）において、1942年に起こったマキン奇襲を元にしています。この環礁は戦前はイギリス領であったのですが、1941年に日本軍により占領されます。ソロモン諸島周辺での日本軍の力を弱めたかったアメリカは、1942年に特殊部隊を投入し奇襲を行ない、駐留していた日本軍を壊滅します。80年代に制作された映画なのに、1943年に制作された映画と同じ題名をつけた理由は、80年代の日米経済対立や、日本企業の進出を、第二次世界大戦当時の奇襲にたとえていたためでしょう。「ガン・ホー」からは、アメリカ側も「ガン・ホー」（協働）することを学び日本に勝つことができる、やはりアメリカは世界一なのだ！　というメッセージを読みとることができます。

1984年に制作された「ベスト・キッド」(THE KARATE KID。ジャッキー・チェンが出てくる最近のではありません。オリジナルの方です）も、当時の「なんだかよくわからないミステリアスジャパン、なんかよくわからないがちょっと怖そうでなんか強いらしい」の雰囲気を伝えてくれる映画です。

いじめられっ子で貧乏な母子家庭出身であり、ラテン系（多分メキシコ系という設定）のダニエルさんが、引っ越した先で白人いじめっ子にボコボコになるまでいじめられます。たまたま出会った謎の日系人老人のミスターミヤギ（日系人部隊の生き残りで、肉親は日系人強制収容所で死亡という設定）に空手の手ほどきを受けて、最後はいじめっ子をぶっとばして終了する、という大体10秒で説明が終わってしまう内容の映画です。監督はあの「ロッキー」のジョン・G・アヴィルドセン氏なので、一応感動ストーリーに仕上がっています。ミスターミヤギが箸《はし》でハエを捕まえようとするとか、謎の盆栽をやっているとか、空手の指導がなんだか意味不明で謎（空手の練習なのに掃除をやれといわれる）とか、謎の格言を発するなど、「謎のジャパン」があふれた描写が満載です。この作品、ヒットしたために第二作、第三作がつくられますが、なぜか1950年代（それ以前かもしれませんが）ぽい沖縄が舞台で出演者が謎のデンデン太鼓をやっているとか、日本語が謎とか、町中に田中邦衛《たなかくにえ》さんがリポビタンDを宣伝しているどう見ても1950年代にしか見えない看板がある、日本人が着流しの浴衣かアロハを着ているなど、とにかく謎のオンパレードで「これがヒットってどうよ?」という疑問を抱かざるを得ないシリーズになっています。

しかし、「ジャパンなんか強そう東洋の神秘ミステリー」の中に、日系人なのにもかかわらず軍に徴用され欧州戦線などで戦って亡くなった人のことや、アメリカにおける日系人の強制収容などの話題がさらっと出てくる所に、この映画に関わった日系の人が、当時アメリカで強くなっていた「ジャパンバッシング」を何とか和《やわ》らげたい、という意図があったのではないのかな、という気がします。時勢を反映していますね。

アメリカに住む私の友人も同じ意見です。彼はシンガポールとアメリカで育った日系人で、両親は日本人でありますが、お祖父《じい》さんはアメリカに移民した人で、親戚もアメリカやカナダに住んでいます。真面目な農民だったお祖父さん夫婦は、戦争が始まると財産をすべて没収されてしまい、家族全員強制収容所に入れられてしまいます。お父さんは日系人強制収容所生まれです。友人の話を聞きますと、やはり80年代は日系人や日本人に対する風当たりは本当に厳しかったそうです。バッシングは厳しかったのですが、「でもそんなにバッシングするアメリカはこんな酷いことをしたじゃないか！」と日系人の財産没収や強制収容所への強制収容などに関して訴えていたそうです。

また、80年代のアメリカでは、日本の忍者をベースにしたB級映画がたくさん作られました。このような映画はアメリカだけではなく、他の英語圏や欧州でもヒットしますが、海外における「何だか謎で驚異的なジャパン」という潜在意識を表しているような気がします。こういう映画の筋書きは、史実などに沿ったものではなく、得体の知れない悪人が忍者的な格好でヒーローと戦うという微妙なものです。

その代表作の一つは、全米を代表するニンジャ俳優（赤面）である、ショー・コスギ氏の「燃えよニンジャ」(ENTER THE NINJA) です。ショー・コスギ氏は、ブログがなぜかすべてローマ字で書かれているため異様に読みにくいことで有名なケイン・コスギ氏の父上であり、全米で知らぬ人はいないという超有名日本人俳優です。1981年に制作されたこの映画、日本語の題名も英語の題名も、もう倒れそうな感じでありますが、内容も題名を裏切らない香ばしさです。映画の冒頭にはいきなり「忍」の文字が現れ、ニンジャがヌンチャクではいやーと戦っています。コスギ氏は悪役ニンジャなのですが、白人ニンジャや巨乳のお姉さんが入り乱れ、なぜかニンジャがフイリピンに行って戦うというよくわからない内容です。途中で、ブラックニンジャとホワイトニンジャが「かんぱーい!!」と言いながらサケーを飲むシーンとか、吹き矢で暗殺のシーンなどが出てくるという香ばしさです。

この映画がヒットしたため次々に続編や亜流が作られますが、そのどれもが「いまだにニンジャの修行をしている人々」「怪しい日本庭園で繰り広げられる死闘」「吹き矢」「ヌンチャクとカンフーのミックス」という「定番パターン」が鏤《ちりば》められております。このパターンは、1988年の「刑事ニコ 法の死角」で華々しくデビューした我らがスティーブン・セガール先生が制作・出演する「沈黙シリーズ」&その他の「謎の日本フレーバー映画」にも受け継がれています。

ニンジャはヤクザに変わった

90年代に入ると、「驚異的なジャパン」のフレーバーは弱くなったものの、なんと

なくバブルの香りが残る作品が制作されるようになります。ニンジャよりも、やたらとヤクザが映画やドラマに登場するようになります。これは、どう考えても、80年代に日本と商売をした海外の人々（特にアメリカ人）が、ジャパニーズエコノミーにおいては、ヤクザの役割が物凄く強い、というのを認識した結果なのではないかなという気がします。

バブルの頃は不動産取引が盛んでしたが、海外の不動産を買いあさっていたのもジャパニーズヤクザ、でありました。「顔の見えないミステリアスな日本」が「ニンジャ」や「SHOGUN」で象徴されていたのが、実際の経済活動を通して「ヤクザとの死闘」に置き換わったわけです。何となく現実感が増している感じがしますね。

1989年に制作された「ブラック・レイン」はヤクザ事務所や大阪の町がなんだかブレードランナー風味で、建物のインテリアはおもいっきりアメリカンだったり、大量の自転車が大阪の町を爆走しているなど、「これってどうよ?」なシーンが目白押しでありますが、この映画も、ヤクザと日米の刑事の死闘がテーマです。松田優作《まつだゆうさく》さんが演じる「ネオヤクザ」に凄まじい現実味があります。

1991年の「リトルトウキョー殺人課」(SHOWDOWN IN LITTLE TOKYO) は

「ロッキー4」にも出ていたドルフ・ラングレンと、ブルース・リーの息子であるブランドン・リーが出ています。アメリカはロサンジェルスのリトルトーキョーで、アメリカ人刑事とジャパニーズヤクザが戦うという筋書きでありますが、やはり、「ミステリアス」というよりは「ジャパンのヤクザは怖い。ヤクザが支配している」という意識を感じることができます。

海外の書店から「日本コーナー」が消えた

このような変化は、米国などの海外での日本に関する報道に「組織犯罪」に関するものが増えたことでわかります。例えば、2002年1月17日付けの『Far Eastern Economic Review』はこう報じています。

「日本の不良債権危機は日本経済の後退の原因だが、この危機は日本の組織的犯罪により引き起こされた。１９９０年代後半にはバブルが弾けた日本の不動産やゴルフ場を米国の投資家が買い始めたが、その中にはヤクザと関係を持つ取引があった。それらの調査に当たっていた米国の官庁は、興行や建設、輸送といった業界だけではなく、化学製品や医療など日本のほぼすべてといっていいほどのビジネスが、ヤクザと関係を持っていることを発見した。

米国の元FBI調査官は、日本のヤクザにとっては病院を経営する方が楽なのだ、と答えている。また同時期にこの米国政府が関係した取引のうち半分にはヤクザの関与があった。１９８０年代には大企業が市場から安く資金を調達するようになったため、日本の銀行は新たな顧客を探すのに躍起になった。そこで溜め込んだ貯金を新たな顧客であるヤクザに貸すようになったのである。（略）米国政府の国際犯罪脅威評価（International Crime Threat Assessment）はヤクザを『世界最大で最も強力な犯罪シンジケート』と呼んでいる」（http://www.jref.com/forum/japanese-news-hot-topics-4/yakuza-recession-120/）

また2002年1月17日付けのイギリスの左派系新聞である『The Guardian』は『Bankers who must never walk alone』(外を絶対に一人で歩くべきではない銀行員)という記事の中でこう述べています。

「日本の金融業界は日本の組織犯罪の関与により作り出された1980年代後期のバブル経済を起因とする不良債権の穴に落ちてしまった。そしてその解決は遅れに遅れているのだ。日本の警察庁の前組織犯罪部長であるミヤワキ・ライスケは、日本は過去10年間ヤクザリセッションに悩まされている、と答えている。自民党、不動産業界、建設業界、金融業界との強いコネを使いヤクザは1980年代に土地の値段をつり上げ不良債権の大きさを隠しつつ利益を上げてきた。さらに、不良債権問題の解決を邪魔してきたのである」(http://www.guardian.co.uk/business/2002/jan/11/japan.internationalnews)

つまり、バブル経済を起因とする日本の金融危機は日本凋落の原因であり、1990年代から2000年代の日本の「失われた20年」の原因は、組織犯罪に支配され、政官財が癒着して膠着化《こうちゃく》した「日本社会のあり方」が原因ではないか、と考える人が増えたわけです。1960年代後半から1980年代の日本の大躍進ぶりや戦後の焼け野原からの復活があまりにも印象的だった分、そのショックは大きかったのです。1980年代には「日本から学ぼう」「日本の奇跡」が当たり前だったのに、「日本のようにならないにはどうしたら良いか？」が目立つようになってしまいました。

そのような報道が増えたり、日本企業の倒産や少子高齢化などが報道されるようになると、日本に興味を持つ人はずいぶん減ってしまいました。それは例えば英語圏の主要ニュースサイトや、テレビ、新聞、ラジオなどにおける日本関連のニュースの取り扱いにも表れています。例えば主要ニュースサイトで国際ニュースのアジアセクションを見ると、「中国」という項目はあっても、「日本」はありません。日本のニュースはアジア太平洋のニュースのごく一部として扱われているだけです。つまり、それだけニュースとしての価値がない、注目されていない、ということなのです。世界的な政治経済雑誌であるイギリスの『The Economist』は、どちらかというと日本に対して好意的で客観的な記事を掲載することが多かったのですが、サイトや本誌を見てみると、日本セクションはありません。その代わりに中国セクションがあります。日

日本の影響力低下を示す
「The Economist」のトップページ

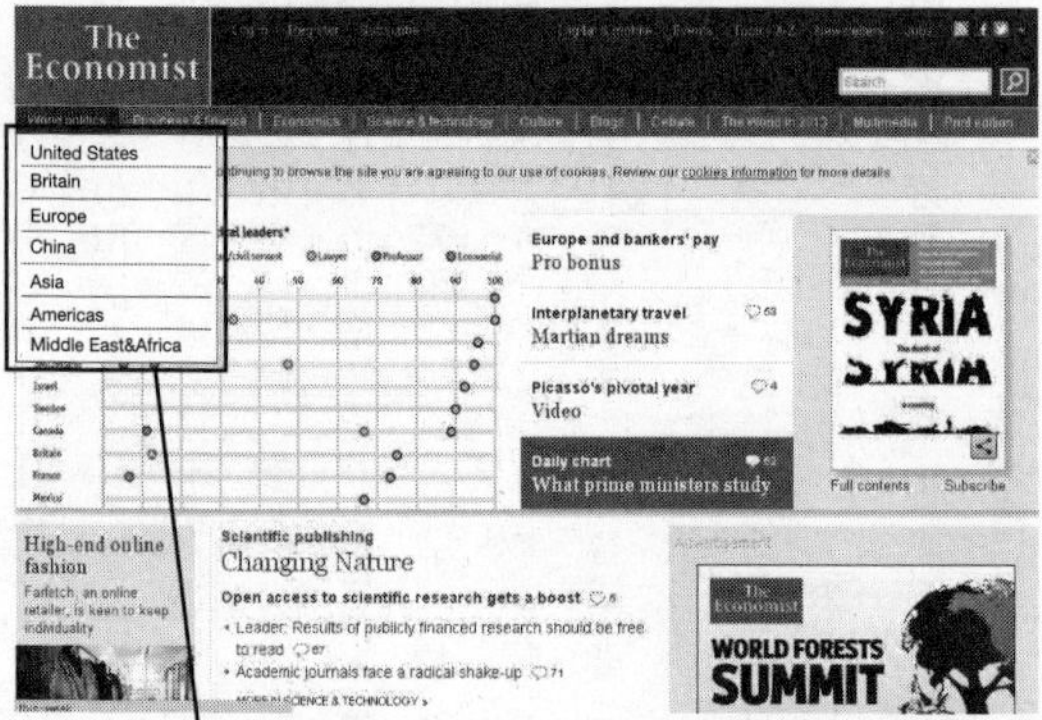

「World politics」に「Japan」の文字はない

本のニュースはアジアニュースの一部として取り上げられるだけです。以前であれば、新聞や雑誌の見出しには「ジャパン！」「ミラクル！」といった言葉が並んでいたのに、何とも残念なことです。

英語圏や大陸欧州圏の本屋をブラブラしても、日本の影響力の低下がよくわかります。大きな書店であれば、ビジネスや歴史のセクションに必ずアジアのセクションがあります。日本関連の本はどこにあるかというと、本棚の下の隅っこにひっそりとあるだけです。店舗では目の高さに売れ筋の物をおきますが、日本の本がそういうふうに本棚の下におかれているということは、要するに「売れない」ということなのです。90年代前半まであればビジネス書や歴史書のコーナーには「日本の脅威」「日本の経営」「日本の強さ」といった本がずらっと並んでいたのに、なんという変化でしょうか。

閉鎖・縮小される日本研究学科

日本の影響力の低下には海外の若い人も敏感に反応しています。それがよくわかるのは、海外の日本・日本語学習熱の変化です。80年代から90年代初頭には、英語圏でも非英語圏でも日本語学習がブームでした。大学には日本語学科ができ、地域研究や比較政治のクラスでは東アジアや日本研究のクラスが大人気でした。学生もビジネスマンもソニーやトヨタ、ホンダ、などの企業の経営手法や、日本社会の特性を学びたいと、せっせと日本語を勉強したり、日本の政治経済の本を読んでいたのです。日本と結びつきの強いアメリカの場合は、欧州よりも日本に興味を持つ人がさらに多く、

ボストンやサンフランシスコ、ニューヨークなど学生や国際的な業務に関係する人が多い地域に行くと、日本語で話しているアメリカ人を見かけることがありました。

ところが最近では大学の日本語学科や日本研究の学科は、アジア太平洋や中国、チベット、インド、アフガニスタン、中央アジアなどアジアを幅広く扱う学科に統合され、事実上「お取り潰し」になっている場合が少なくありません。要するに、チベットやモンゴルなど「文化的には面白いが、政治経済的には世界にあまり影響力がない国」と同列の扱いになってしまったのです。

イギリスでは北部のダラム大学の東アジア研究学科は閉鎖されてしまいました。ダラム大学はオックスフォード、ケンブリッジに並ぶ歴史のある大学で、イギリスでは誰もが名前を知っている名門校であり、長年日本語教育や東アジア研究で実績をあげてきました。

イギリスの大学は一校を除き国立なので、国の税金と学費で運営されています。しかし、学生の数が少ないために教員や事務員の数を維持するに十分な学費収入がなかったり、研究実績（通常学術誌に掲載された論文の数で評価します）が思わしくないと、伝統のある学部や学科であっても、ばっさりと切り捨てられてしまいます。著名な研究者がいても関係ありません。また、教員は国家公務員なので終身雇用のはずなのですが、学部や学科が閉鎖されたり縮小されると首になってしまうのです。

ドイツなどの大陸欧州諸国でも日本学科をアジア学科に統合する大学や、研究規模を縮小する研究所が出てきています。

国際日本文化研究センターで実施されたシンポジウムでは、フランスの the National Center for Scientific Research の Josef Kyburz 教授とドイツの the Japan Center of the Philipps-Universität Marburg の Heinrich Menkhaus 教授が、「このような日本学科の縮小は、中国の影響力が大きくなっていることや、日本の影響力の低下に関係がある」と発表しています（Japanese studies facing the chop in Europe Tomoko Nishida / Yomiuri Shimbun Staff Writer http://japaninterpreter.blogspot.co.uk/2007/12/japanese-studies-down.html）。

イギリスでも日本研究をやっている研究者や日本語が堪能なイギリス人日本語教師の就職はかなり大変になっています。私の知人で日本に20年住んでいたイギリス人女性は日本語と英語の通訳で、長年日本語を教えてきましたが、大学で日本語を教えるポジションの確保に大変な苦労をしています。日本語学習を希望する学生が多くはないので、教える人の仕事が減ってしまったのです。私の知人には現在40〜50代で、日本の景気がよかった頃に日本に住んでいたり、日本研究をやっていた人が何人かいます。どの人も、日本関係の仕事が減ってしまったり、日本語を教える機会が減ってしまった、と言っています。その内何人かは日本語が流暢なのにもかかわらず、日本とは全く関係のない仕事をして生活を支えています。

一方で続々と増えているのは、中国やインドのことを学ぶ学生や研究者に、インドや中国でうまく商売をやる方法を学びたい、というビジネスマンです。欧州やアメリカの経営学者が集まる経営学会に行くと、インドや中国がどれだけ注目を集めているか、というのが肌でわかります。経営学会には各国の大学や研究機関でさまざまな国の経営手法やケーススタディを研究したり教えている学者が集まります。企業と共同研究している人も多いので、どんな研究が多く、発表の聴衆数が多いかというのを見ると、どんな分野に注目が集まっているかがよくわかるのです。

例えば2010年に世界的に知られている経営学会であるAcademy of Management（AOM）の年次学会がカナダのモントリオールで開催されました。この学会は経営学の分野では世界的に知られている学会で、世界で最も大きな経営学会の一つです。私は家人が論文を発表したためこの学会を見学しましたが、驚いたことに、中国やインドに関する研究は山のように発表されていましたが、日本に関する研究は片手で足りるほどでした。学会に来ていた研究者も、中国や台湾は100名規模であったのにもかかわらず、日本からの参加は本当に両手に収まってしまうほどでした。また、学会の合間の食事やお茶の席で、各国の経営学者の話題は、中国、インド、中東、ブラジルなどの新興国のことばかりでした。日本の影響力がこんなに小さくなっているのか、と感じがっかりしました。

「Google Scholar」で見る、日本への学術的興味の低下

日本の経済や経営に対する学術的な興味の低下は、ネット上で学術論文や引用論文の数を検索してもよくわかります。例えば、学術論文を検索することができるGoogleのサービスの一つである「Google Scholar」で「Management Japan」

「Managment China」「Managment India」というキーワードを検索してみました。検索年を、日本のバブル経済が本格的に始まった1985年、バブル崩壊直後の1993年、そして2002年、2012年にしぼると図3(230頁)のような結果が出ます。

1985年には日本に関する論文と引用数がトップでした。バブル崩壊直後の1993年になると、中国やインドに関する論文や引用数が増加します。2002年になると、依然日本に関する論文数は多いものの、中国に抜かれてしまいます。2012年には、日本に関する論文と引用の数は、中国とインドの両方に抜かれてしまいます。

「Google Scholar」で検索された論文や引用は英語で書かれたものです。世界の経営学会では英語で研究成果を発表するのが普通ですので、日本語で発表された論文は関係ありません。海外の研究者、特に英語圏の研究者は、発表した論文数と引用数で実績を評価されます。数が多く、質の高い学会誌に論文が掲載されればされるほど学内での地位が上がり、さまざまな大学からヘッドハントの声がかかったり、大学の外の政府の委員会や研究所の仕事をする機会が増えるわけです。国や大学によっては、論文を発表していない学者は終身雇用であっても首になってしまいます。日本の一部私立大学のように、何年も論文を書いていない、学内の紀要にしか論文を発表したことがない、というような実績がない人は、首になってしまうわけです（そもそもそんな人は研究者として採用されないのですが）。そのため、研究者は学会誌に掲載されそうな論文、引用されそうな内容、学会の注目を集めそうな題材を使って論文を執筆します。

学術論文誌には、編集者と査読者がいます。編集者はその時の時流、つまり流行に沿ったトピックを選んで編集します。査読者は投稿される論文の研究としての価値や内容を厳しく審査します。査読者は実績のある学者です。このように編集者も査読者も、ある程度流行に沿った論文を選ぶので、学術誌に掲載される論文というのは、その時代の「空気」というのを反映するのです。

さらに、学術の世界というのは完全なマーケットエコノミーの世界なので、需要と供給が物を言います。人気のある研究には需要があり、よいものや面白いものであれば他の人が引用して論文を書くので、面白い論文であればあるほど自分の評価が益々

図3 日本・中国・インドの経営に関する学術論文引用数の推移

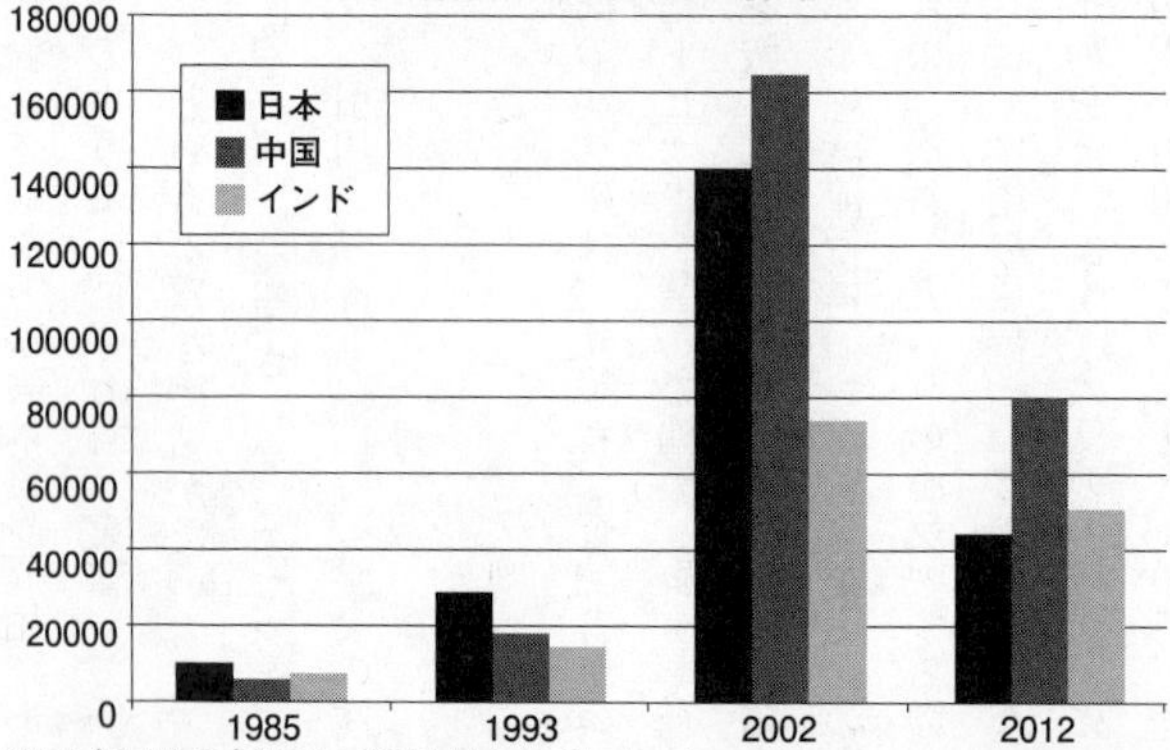

2012年には日本はインドにも抜かれてしまった

（「Google Scholar」より作成）

高まるのです。これは、ネットの世界で面白い記事はTwitterでRetweetされたり、Facebookでたくさんの「いいね！」が付くことや、テレビの視聴率に似ています。面白いもの、価値があるものはどんどん広まり、たくさん引用されるわけです。

日本に関する論文が減り、中国やインドに関するものが増えたということは、つまり経営学の世界では、日本に対する注目が減り、中国やインドに注目することが流行になっていると言えるのです。

経営学の世界は、実際に企業でビジネスに関わる人を教育したり、政府や企業のアドバイザーとしてコンサルティング業務を兼業する学者も多いので、世の中の経済や企業の動きとある程度はリンクしています。つまり、世間でも日本への関心が薄れ、中国やインドに対する関心が高まっている、ということが言えるのです。

日本人は「劣化」したか？

このように世界からの注目度が低下している日本ですが、景気がよかった頃と比べて日本人は「劣化」しているのでしょうか？

日本人は、戦後の高度成長期に比べて、怠け者になっているわけでも、人口の多くが入れ替わったわけでもありません。その土地の文化や人の考え方というのは一晩でころっと変わるわけではありませんし、職業倫理や社会資本は長い長い歴史に沿ったものですから、そう簡単には変わりません。日本人は、戦後の焼け野原から復興した人々と、特段変わってはいないのです。

しかし、その「変わっていない」という所に、最大の問題が隠されているのかもしれません。日本はバブル崩壊後の20年あまり、不良債権による不況の原因の一つであった「政官財の癒着」などの「硬直化した社会の仕組み」を変えることができませんでした。要するに、「変わることができなかった」、のです。この**「変わることができなかった」ことが、日本が凋落した原因なのではないでしょうか。**

多くの業界では、有名な大手の会社が市場を独占し、自分で手を動かさない人々が仕事を取ってきて、下請けや孫請けの会社に丸投げして中抜きすることが当たり前になっています。付加価値を生まない人々が身分不相応なたくさんの給料をもらっているのです。これは、元請けの下に何十もの下請け、孫請け会社が存在する構造が当たり前の建設業界や原発業界だけではなく、放送、出版、製薬、情報通信、製造業など、ありとあらゆる業界で似通っています。日本の外では、こういう会社のことを「パートナー」(協力会社)と呼んで、あくまで「外部の専門家」「一緒に仕事をしてもらう組織」として扱うのに対して、日本では、下請けはまるで奴隷のような扱い、搾り取るだけ搾り取るのが当たり前、という仕組みになっています。一番儲かるのは元請けという「ピラミッド構造」なのです。元締めが莫大な収益を得る、というねずみ講（ネットワークビジネス）の仕組みをバカにする方は大勢いますが、日本は、業界の仕組みが「ねずみ講」になっている場合が少なくないのです。

それを知っている人は多いのですが、誰も変えようとしませんし、おかしいことだと指摘する人すらいません。指摘したり変えるような力のある人達が、そういう構造を放置することで、甘い汁を吸っているからです。さらに、警察官や官僚は20年前と同じく、50歳前後になると自分が監査していた企業や、何の付加価値も生み出さない概括団体などに天下りして巨額の退職金や、やっている仕事とは全く釣り合わない給料を手にしています。不況なので生活保護費を削ると言われているのにもかかわらず、生活に特に困ってない人達は、特に重要な仕事をしなくて済む組織を「作ってもらえ」、大金をもらうことができるのです。

日本は力が弱くなったとはいっても、まだまだ国民全体の教育レベルは高く、物も豊かな国です。紛争をやっているわけでも、150以上の民族が住んでいて常にいがみ合っているわけでも、厳しい気候で苦しんでいる土地でもないのです。他の国に比べたら、国を良くする余裕も手段も十分あるのです。変えるべきなのは、組織の仕組み、社会の仕組み、仕事の仕組みなど、要するに「仕組み」＝「やり方」＝「考え方」なのです。

ところが、20年の間に、日本の人の多くは特に何もしてきませんでした。むしろ、１９８０年代までのやり方を頑固に守り、変わることを拒否してきました。昔の成功体験にしがみついて、昔のやり方を傲慢にやり通してきたのです。戦後の焼け野原から立ち上がった時には、過去をすっぱりと否定して、新しいやり方を取り入れたり、自分で何かを立ち上げた人が大勢いたというのに、ちょっと豊かになったとたんに、昔の良かった頃のことが忘れられなくなってしまったのです。

日本人は劣化したのではなく、傲慢になり、怠惰になったのです。

イギリスが「上手に枯れられた」一つの理由

一方、日本がバブルの余韻に酔いしれていた頃、不況に悩むアメリカやイギリス

は、日本を研究して日本のやり方からさまざまなことを学びました。東洋から学ぶことを恐れず、「何とかしよう」と考えて自分を変えたのです。例えば、アメリカでは日本から学んだ生産管理手法などを活用し、ITを導入し、効率的に仕事をする方法を身につけていきます。日本から学んだことを進化させて、さらに強いアメリカを目指したのです。これは、イギリスも同じです。イギリスでは日本の景気が良かった80年代はそれこそどん底で、鉄鋼や造船産業、炭坑が閉鎖された北部は失業者があふれたために、政府が工業団地を作り、当時景気が良かった日本の企業を誘致し「どうか我が国を救ってください」と首相が頭を下げたのです。

イギリスも日本から業務改善やプロセス改善のやり方を学び、業務を効率化し、大《おお》鉈《なた》を振るって金融などのサービス業を経済の中心にしてきました。これは、頑固で伝統主義のイギリス人にとっては本当に大変なことだったのです。

私の本業の一つは、IT業界におけるサービス品質の管理やプロセス改善なのですが、最先端の手法はすべてアメリカやイギリス起因なのです。その多くは、日本の品質管理手法を下地にしたものなのでびっくりします。日本から学んだことを進化させて、ITなどの知識産業やサービス業にも活用しているわけです。日本ではIT業界では「デスマーチ」(無理なスケジュールで仕事を進め死人が出るような仕事のやり方)が当たり前になっていますが、イギリスや大陸欧州では、そんなことをする会社はありません。プロセスを明確にし、ITで仕事のやり方をうんと効率的にして、なるべく残業を出さないやり方をします。とても洗練されたやり方をするので、こちらでさまざまな組織を見ていると大変勉強になります。無理のない仕事のやり方をしますので、IT業界であっても、「35歳定年説」なんて言葉もありません。日本ではIT業界は仕事があまりにも苛烈《かれつ》なため、「35歳で定年」と真剣な顔で言う人がいるのです。日本ではこのような「進化した手法」のことを金融業界やIT業界で説明すると、本当にびっくりされることがあります。元々日本で開発された手法なのに、日本人はそのような手法を活用せず、非効率な仕事のやり方をしてきたのです。

日本は相変わらず80年代のような根性論での仕事、長時間残業をやっている上、景気が良くなりません。「ガン・ホー」の筋書きが現実にも反映されてしまったというのは、なんと皮肉なことでしょう。日本の企業は70年代、80年代の成功物語から抜け出せないのです。

「日本が世界から好かれている」という妄想

そのようにバブルの頃の成功体験にしがみつく日本人は、世界ではどのように見られているのでしょうか。東北で大きな震災があったこともありますが、**今や日本は「哀れみの視線」で見られているのです。かわいそうな猫や犬のような存在です。**

日本で大きな政変があっても、英語圏や大陸欧州では取り上げられることは稀です。取り上げられても政治経済面や国際面のほんの片隅です。日本の政治より、今や、ロシアのエネルギー政策や、中東の紛争、中国政府の投資規制緩和の方がうんと重要なのです。

日本の不況の原因にはさまざまな説明がありますが、私は失敗を恐れる日本人の保守性や、改革に取り組んでこなかったことも原因の一つだと考えています。しかしながら、世界一の少子高齢化社会になろうとしており、世間には介護が必要な老人や、仕事を得られない若い人、未来のない非正規雇用の身分に絶望して自殺する若い人が増え続けているのです。先進国で若者の自殺がこんなに多いのは韓国と日本だけです。福島の原発事故は終息しておらず、まだ放射性物質を放出し続けています。いつ、何時、大きな地震があるのか、大きな津波があるのかわからない状態です。冷却のための汚染水も増え続け、処理のめども立たない状況です。それなのに、日本では政策ではなく「政局」という、政治家の誰と誰がくっついた、誰と誰が喧嘩した、などというくだらないことを延々と議論しています。

深刻な問題が山のようにあるのに、こんな馬鹿げたことに時間を費やしている国を、「まともな国」として取り合う人は、残念ながら多くはありません。

イギリスでも、日本といえば「政治がいかに汚職にまみれているか」「日本の硬直した経済」「老人の増加」「原発周辺の汚職」など、取り上げられるのは暗いニュースばかりです。**「我々は日本のようになってはいけない」**という記事まで書かれてしまう有様です。

例えばドイツのニュース誌である『Spiegel』は2010年11月18日付けの記事で「日本は長期的な停滞から復活できるのか？」という題名の記事を掲載しています。

問題が深刻化しているのに、何の手段も議論も起こらない日本は、ドイツの記者にとって「不思議の国」のようです。

「東京は政治的に麻痺している上、国の主要な問題に関して公共の場で議論されていない。日本中を静かなあきらめの雰囲気が覆い、霞が関では官僚でさえも国の将来を憂いている。日本ではストイックであることは文化の一つであり、幼少の頃から『恥の概念』としてしつけられる。社会に助けを求めるのではなく自分で解決しようとするのである。東京ではホームレスでさえも自分の住居である段ボールハウスの中に入って眠る前に、ハウスの前に靴をきちんとそろえる。電車に身を投げて自殺する人は、自殺する前に礼儀正しくお辞儀をするのである。東京では電車のホームに自殺志願者の気分を和らげるための青い色を発する電灯が設置されているのだ。年に三万人以上が自殺するがその多くは経済的停滞の犠牲者だ。将来に対する不満は人々を激安グッズの消費に走らせており、消費者の値下げ要求は企業の収益に影響を与えている。そのために破綻する企業もあるほどだ」（Can Japan Reverse

Its Long Decline? Spiegel http://www.spiegel.de/international/world/land-of-the-setting-sun-can-japan-reverse-its-long-decline-a-729660-2.html)

自国が経済的問題に苦しむイタリアでも、日本のことは頻繁に報道されていますが、そのトーンは、ドイツと同じく「なぜ何の対策もとられないのだろうか？」です。イタリアのニュース誌である『Panorama』は２０１２年11月の「日本：負債、経済危機そして不信」(Giappone: nel 2012 deficit, crisi economica e sfiducia) という記事でこう言っています。

「日本経済に対する期待は大きすぎる。日本国の国としての負債はＧＤＰの２００％を超えており、経済成長率の低い、いや、全く成長していない日本にとって大きな問題だ。１９８９年には史上最高の値であり、世界第2位の経済大国であったのにもかかわらず、２０１１年の日経平均は１９８２年以来最も低い。津波と震災は日本をさらに不安定にしてしまった。過去８カ月、日経平均は若干よくなったが一時的な回復に過ぎない上、何の効果もない。ポストフクシマの原子力危機に対して日本は何もしていないのである。日本を分析する専門家の多くは、日本は何にかけるべきかわかっていないと述べている」(Japan in 2012, deficit, economic crisis and mistrust http://economia.panorama.it/mondo/Giappone-nel-2012-deficit-crisi-economica-e-sfiducia)

日本の書店にいくと「日本の素晴らしい技術」「日本が世界で好かれる理由」「クールジャパン」などと、「日本は世界で注目されている素晴らしい国だ」と宣伝するような書籍がたくさん置かれており、そういった本を好んで買う人もいるようです。

しかし、そういう本の多くが伝えることは虚構です。

日本の外では「日本は落ちぶれたかわいそうな国」「老人ばかりで大変」「ヤクザはいるし、社会の仕組みがガチガチで大変」と「かわいそうな国」として見られているのです。友人や仕事関係の人に「日本では『日本の誇り』『日本が世界で好かれる理由』みたいな本が売れているのよ」と伝えた所「それは何かの冗談なの？」と真顔で言われたことがあります。また、**「そんな本を書いたり読んだりして喜んでいる前に、目の前の問題をどうにかしたらどうなのか？　原発はどうするのか？**

処理は終わったのか？　そんなの自己満足に過ぎないんじゃないの？」と言われました。

中国以上？の日本のメディア規制

日本が「ガラパゴス」状態であること、日本が外からどう見られているのかよくわかっていない人が多い理由には、私は日本のメディアのあり方が、どうも他の先進国とはずいぶん異なっているのではないか、そこに原因の一つがあるように思います。

震災後、そう考えるようになった方は、少なくないのではないでしょうか？

震災のさなか、福島第一原発が大事故を起こしているのにもかかわらず、重要なニュースが即時に報道されなかったり、素人目にも「危ないんじゃないか？」と思うような状態なのに「全く問題ない」「ただちに問題はない」と政府が繰り返していたことをみて、「何だかおかしい」と思わなかったとしたら、相当頭で何も考えていないか、感性や直感が鈍い方だと思います。

私は震災時に、たまたま神奈川県の実家に滞在していたのですが、知人にロシアやカザフスタン、ベラルーシなど、チェルノブイリ原発事故の際にさまざまな経験をした人がいましたので、「これは大変なことになった」と思いました。原発事故や紛争が起こると、政府は情報を隠します。本当のことなんて包み隠さず言ったらパニックになってしまうからです。私は英語と、少々のイタリア語がわかるので、ネットで海外の友人や知人に連絡を取ったり、海外のニュースを見たり読んだりして、家族や友人に内容を伝えていました。翻訳サイトを使ってドイツや中国にロシアのニュースもチェックしていました。

「ああ、これは大変なことになった」と思ったのは、オランダやフランスの大使館が、自国民に対して帰国を指示していたり、安定ヨウ素剤の配布を検討していたにもかかわらず、そのような情報は日本のテレビや新聞に全く出てこなかったことです。

私はこのような情報を、日本にいるフランス人やオランダ人の友人から聞いたのですが、皆一様に「日本のメディアには出てないみたいだね」と言っていました。そして、海外の報道やTwitterで入ってくる専門家のコメントでは、かなり早い段階で「メルトダウン」という言葉が使われていました。そんな中、日本の専門家たちは福島でメルトダウンは起きるはずがないと悠長に発言していたのです。

原発が爆発した映像も、日本のテレビより何時間も前に放送されていました。あの映像が放送された直後に、イギリスにいた家人や私の仕事仲間、アメリカやイタリア、ケニアにいる友人達は、次々とスカイプで連絡してきて「一秒でも早く家族を連れて逃げなさい！」と言いました。何年も音沙汰のなかった友人達まで連絡してきたので、外では大騒ぎになっているな、ということを肌で感じました。

震災の最中や後に、私や友人達のように「既存のメディアは本当のことを伝えているのかな？」と思った人はどうも少なくないようです。野村総合研究所が平成23（2011）年3月19日から20日までに実施した調査によれば、民放の情報の信頼度が低下したという人は13・7％で回答中の第2位、新聞社の情報は5・9％で第4位となっています。一方、ネット上のポータルサイトの信頼が高まったとする人は17・5％

で回答者の第2位、ソーシャルメディアの信頼が高まったという人は13・4％で第3位となっています。

博報堂DYメディアパートナーズが実施した調査でも、テレビや新聞など既存メディアに対する信頼が薄れる一方、ソーシャルメディアなどネットの利用が増えていることを示しています。3月11日の東日本大震災前後に首都圏にいた15～69歳の男女1313人に対して震災前と震災半年後のメディアの接触状況を尋ねたところ、「大規模な災害発生時にはマスメディアの情報が信頼できると思う」とした人は、3月の震災直後には61・6％だったものが、9月の調査では51・9％に減少しています。一方、ソーシャルメディアへの接触が、震災前の39・9％から51・4％、動画投稿サイトが32・3％から39・5％、Twitterは16・7％から22・0％、Facebookは5・6％から12・0％、2ちゃんねるが12・9％から18・8％と急激に増えています（http://bizmakoto.jp/makoto/articles/1111/02/news048.html）。

震災の最中や震災後に、ネットを使ってより速報性の高い情報や、多様性のある情報を探すようになった人が増えていることが背景なのでしょう。

このように震災を契機として「日本のメディアは何かがおかしいのではないか？」と考える人が増えるようになった傾向があるようですが、実は外国では結構前から日本のメディアの閉鎖性や、「記者クラブ」という「実質検閲機関として機能する組織」が存在することが度々指摘されています。日本の人が「なんかおかしいんじゃないか？」と思うようになったのは、正直言って遅すぎるのです。

イギリスの『The Economist』は２０１２年1月16日付けの「メルトダウンとメディア」（The meltdown and the media）という記事の中で「原発事故前の日本では、記者クラブ制度を通してメディアと権力が癒着状態にあり、メディアは権力に対する監視装置として機能していなかった」、ということを、淡々と伝えています。

「それは国会で独立調査委員会が実施される、という日本にとって歴史的な出来事だった。1月16日に日本の国会では、東京電力福島原子力発電所事故調査会の第一回公聴会が実施された。約50名の市民と１００名のジャーナリストが出席した。（略）議長であるキヨシ・クロカワは記者会見の質疑応答時間を紹介した後に『この記者会見の後には、公式の会見は一切ありませんので質問はすべてここで聞いてください』と言ったのだ。外部の人間にはなんだか変なコメントだ。『公式な記者会見の後の【公式な記者会見】とは何だろう？』。しかし日本のメディアをウォッチしている人間にとっては、この発言が重要なものであることは疑いようがない。日本のメディアは『記者クラブ』というシステムに沿って動いている。これは、検閲を実施するためのシステムであり、興味深いものである。政府とビジネスにとってはメディアに対する情報をコントロールするためにある。独立系ジャーナリストにとっては、機密情報や内部情報へのアクセスを妨げるベニヤ板のようなものだ。新聞にとっては他社にスクープを抜かれる可能性を少なくするので、どの会社も、プレッシャーを感じずに仕事ができるのだ。『記者クラブ』なしでは取材ができないので、誰も文句を言わないのである。また政治家は『記者クラブ』のやり方に文句を言うが、クラブに所属する記者たちは政治家達の意向に沿う。『記者クラブ』は政府や政治家の監視の下で運営されているのではなく、まるで、メディア業界が自主的に運営しているように見せかけているのだ。従って内閣が自分達のビルの広い一室を『記者クラブ』に提供していることである。『記者クラブ』の問題の一つは、メディアが政治家や政府など権力がある機関に対する監視役として機能することを難しくすることだ。フクシマ危機の前、メディアはエネルギー関連企業を批判してこなかった（その後はされている）。そのような批判はエネルギー関連企業が安全基準を無視する理由の一つになったのかもしれない。（略）これ以上【公式な記者会見】はない、という議長のコメントは、日本のメディアに対して集中砲火を浴びせるようなものではなく、ぶっきらぼうで、事実を伝えるにすぎないものだった。しかし、日本のメディアに新たな空気を送り込み、ポストフクシマの日本では、より多くの古い慣習が時代遅れになっていることを表したのだ」（http://www.economist.com/blogs/banyan/2012/01/japans-nuclear-crisis）

長年日本で活動してきたアメリカ人ジャーナリストであるサム・ジェームソンさんは、1997年に発表された「ベテランアメリカ人記者日本のメディアを見る」という記事の中で日本のメディアの閉鎖性を指摘しています。

「日本の『記者クラブ』がある理由は、主要メディアが政府、政治、ビジネス、労働問題、さらに犯罪までも報道するためだ。日本の『記者クラブ』はアメリカにあるものとは全く違う。アメリカだと、『記者クラブ』というのは、報道関係者が飲んだり食べたり、おしゃべりしたり、時々はゲストの講演を聴く場所だ。日本では大臣、ビジネス団体、労働組合、スポーツチーム、警察などがニュースを発表する場所だ。そして、『記者クラブ』を使うことができるのは、それらニュースを報道できる資格を持った記者だけだ。そういう記者は『記者クラブ』の会員だ。記者が会員になる資格を持った報道機関がクラブを運営している。そしてそういう報道機関に所属しない記者は記者会見に出席できないのである。官僚でもビジネスマンでもない単なる記者が、誰が記者会見に出席できるのかを決めるのである。1960年代にはこのシステムは日本で報道活動する外国人記者に対する障害だった。（略）1997年7月10日には、日本新聞協会は、『記者クラブ』は記者の交流所だというふりはやめるべきで、ニュースを報道するための場だというコメントを発表したが、何の効果もなかった」（http://www.jpri.org/publications/

workingpapers/wp40.html)

このように、記者クラブ制度というのは、先進国ではあり得ない制度で、イギリスやアメリカの記者から見ると、日本のジャーナリストは「社会主義国で生産計画を聞かされる人民」のように見えるのです。これでは、原発産業と政府の癒着、政治家のスキャンダルなどが表に出ることはありません。手抜き工事も汚職もやりたい放題です。その上、日本では新聞や雑誌の記事は、週刊誌や一部の経済誌などを除くと、署名記事ではありません。誰が書いたかわからないのです。アメリカやイギリスでは、若いうちから個人名で記事を書き、良い記事を書く人は、さまざまな新聞社やテレビ局、最近ではウェブメディアに引き抜かれます。記者は個人商店のようなものというか、腕の良い宮大工のような専門職なので、媒体を変えて仕事するのが当たり前なのです。ジャーナリストも個人名で仕事することを好みます。名前が出なければ個人の実績になりません。ところが日本は、記事は無記名で、記者は同じ会社に何十年も勤め、記者クラブで官僚や大臣の言うことを聞いて記事にする、外国人やフリーランサーは締め出す。北朝鮮や旧ソ連、独裁者が支配するアフリカ諸国と何がどう違うのでしょうか。

世界各国の透明性や汚職度を調査して発表している国際団体であるTransparency International は、国境なき記者団（Reporters Sans Frontières）の調査を元に、各国の報道の自由度も調査して発表しています。日本のランクは22位で、先進国としては決して高いものとは言えません。国境なき記者団は、「日本は津波や福島第一原子力発電所事故の報道に関して規制があり、メディアの多様性に障害があったことが22位である理由である」としています。なお、ランキング上位を1位のフィンランドやノルウェーなど北欧諸国が占めていることや、アメリカは47位であることも大変興味深いです。

日本のメディアは変われるか？

このように、記者クラブがあったり、メディアと政官財の癒着の激しさが指摘され

ている日本で、メディアのあり方というのは変わっていくのでしょうか？　私は個人的にはネットでさまざまな情報が共有されることで、変わっていくのではないかなと思っています。例えば政治に関しては、政治ブロガーのような人が自由に報道することで、世論に大きな影響を及ぼしていくようになるのではないかと考えています。

例えば、イギリスには大物政治ブロガーであるグイド・フォークス（Guido Fawkes）さんという方がおります。この人は、イギリスで最も人気のある政治ブロガーでありますが、元々ジャーナリストではありません。大学時代に政治に目覚め、保守党政治に入れこみつつ、当時流行だったアシッドパーティーに入れこみます。大学を卒業すると、サッチャー首相のアドバイザーとして働いていたデビッド・ハート氏の下で働きますが、政治に幻滅し、フルタイムのギャンブラーを2年ほどやり、ロンドンの金融街であるシティで債券のトレーダーになります。その後破産して金融界から引退したことと、スペインの牛追い祭りに参加して、獰猛《どうもう》な牛に刺されて大けがしたことが原因で家に引きこもり（なぜ牛追い祭りに参加したのかは謎です）、2004年から政治ブログを始めます。ところがそのブログがあまりにも面白いために、その辺のゴシップ紙をしのぐ有名ブログとなってしまいました。今やイギリスの政界

報道の自由度が低い日本(2011年度)

順位	国名
1位	フィンランド
2位	ノルウェー
3位	エストニア
4位	オランダ
5位	オーストリア
6位	アイスランド
7位	ルクセンブルク
8位	スイス
9位	ケープベルデ
10位	カナダ
17位	ジャマイカ
18位	ドイツ
19位	コスタリカ
20位	ベルギー
21位	ナミビア
22位	日本

アメリカは47位。日本は2012年には53位に転落した。

出典：「World Press Freedom Index 2011/2012」
http://en.rsf.org/press-freedom-index-2011-2012,1043.html

や政治ジャーナリストで、同氏のブログを毎日チェックしない人はいない、とまで言われています。また、記事や写真が斬新なので、有名新聞やゴシップ雑誌が記事やスクープ写真を買いにくるようになったのです。例えば、元外務大臣で保守党所属の下院議員であるウィリアム・ヘイグ氏の「ゲイのお友達をコネ採用したのではないか？」というゴシップが持ち上がった際には、ヘイグ氏がゲイバーにいる所を撮影した写真をゴシップ紙である『News of the World』に2万ポンドで売っています。大手メディアと個人の力関係が逆転してしまっているわけです。ちなみに、同サイトは海外の複数のサーバーにホスティングされているため、記事を書かれた人が訴えようとしても、さまざまな国の法律と格闘しなければならないため、好き放題政治家のスキャンダルを書くことができる、というわけです（なお、Guido氏の奥さんは金融業界の弁護士なので、法律関係はバッチリおさえているそうです）。

ソーシャルメディア時代が到来し、スマートフォンやタブレットの普及でネット経由での情報の取得や配信がますます気軽なものになっています。ネット経由ならテレビ局も真っ青な放送だって可能ですし、現にニコニコ動画などでは、プロ以上の歌い手さんが活躍しています。新聞や雑誌は読まないけれども、お気に入りのブロガーや

「Twitterユーザーの書き込みは毎日見ているよ、という方も結構いるのではないのでしょうか。日本でもGuido氏のような「ゲリラジャーナリスト」が増えていくのではないかと考えています。

政府を信用しないのがグローバルスタンダード

さて、このようにメディアが規制されている日本では、人々は、他の国の人々とずいぶん異なる考え方をします。それは、**政府や警察官を最初から思いっきり信用していることです。**

そもそも日本ではなぜか「マスコミというのはある程度規制されている」というのを知らない人が多いです。新聞はおろか、雑誌やテレビ、ラジオなどは、広告収入と読者や視聴者様の払うお金で成り立っていますが、広告収入というのはバカになりません。特に視聴が無料のテレビやラジオは広告がなかったら成り立ちません。広告を出すには大変なお金がかかるので、お金を出すのは大きな会社や政府組織です。政府組織だって、「取材協力」なんて名前でお金を出していたりします。お金を出す人に不利になることなんて言ったり書いたりするのは無理ですから、報道される内容は、ある程度、お金を出した方の意向に沿うことになります。考えてみてください。例えば自分が学級新聞を作りますが、読む人からお金を取ることができない。その場合、新聞に載せるから印刷代や紙代出してよ、と近所の酒屋に泣きつきます。だとしたら「あの酒屋のビールは他の店より30円高くてけしからん」みたいなことは書けませんよね、常識的に考えて。テレビや雑誌やラジオだって同じです。常識的に考えればわかることでありますが、なぜか日本ではそれを考えずに、テレビや新聞や雑誌を完全に信じてしまう人が結構います。

根が素直なんでしょうかバカなんでしょうか。よくわかりません。でも教育レベルは高いんです。もしくはそういう現実を見ようとしていないのかもしれません。特に政府情報に関しては、他に情報ソースがないのですから、「実は違うんじゃないかな?」と思いつつ、「恐ろしい事態」というのは想像したくないから、目と耳を塞いでしまうんでしょう。結果的に、意図的ではなくても意図的でも、政府情報や大マスコミの言っていることを妄信してしまうわけです。だから日本ではどう考えても変な政策に反対する人はあまりおらず、テレビを見てココアを買いあさり、テレビや雑誌を使ってネットワークビジネスの宣伝をしている人に簡単に騙されてしまうわけです。何とも単純で騙しやすい人々です。

発展途上国や旧ソ連、旧東欧、アフリカなどに頻繁に行かれる方や、個人的な友達がいる方はわかると思うのですが、かの地では、そもそも、政府や警察などの「権力」を信じる人々というのは、最初から少数派であります。これは、日本の近隣の韓国、中国、台湾でも同じです。特に中国は政府に不信感を抱いている人が大変多いのです。さて、なぜ日本の外では政府や警察を信じない人が大勢いるのでしょうか？歴史を少し真面目に勉強した方ならわかるはずです。

例えば日本のお隣中国では、何度も政権がひっくり返り、文化大革命（文革）では、資産家や知識階級（先生など）は政府に殺されたり、何もない原野に左遷されたり、財産をすべて没収されたり、身内が公衆の面前でめった打ちにされたりと、酷い目に遭いました。中国大陸に友達や知人がいて、60代以上の方に話を聞く間柄の方がいれば、何度か話を聞いたことがあるのではないでしょうか。

今から18年ほど前に、日本のNHKでは山崎豊子《やまさきとよこ》さんの「大地の子」という小説を元にしたドラマが放映され、主人公の日本人残留孤児の陸一心や、その心優しい養父母が、中国政府により何度も酷い目に遭うシーンが放送されました。実際に中国の人に話を聞いた方であればわかると思いますが、実態は、あのドラマの何倍も酷かったのです。黒竜江《こくりゅうこう》省出身の私の友人のお祖父さんは学校の先生だったため、知識人として政府や紅衛兵《こうえいへい》により激しい弾圧を受け死にかけました。木に縛り付けられてめった打ちにされたのです。何も悪いことをしていないのに、同じ国の人にこういうことをされるわけです。別の友人のお祖父さんの所は資産家だったのですが、文革になると、家も何もすべて没収され、狭い狭い家に押し込められ、近所の人からは「資産家、資産家」とののしられて酷い目に遭います。その息子であるお父さんは、実家が資産家だったために、その後何年経っても、職場で酷い目に遭ったり、昇進できなかったりと、ずいぶん苦労をしました。そういう苦労があったので「私の国は信用できない」と、子供を次々と海外に留学させたのです。

今、ニュースで中国の資産家は資産を海外に移している、移民している、子供をやたらと海外に留学させる、と報道することがありますが、その背景には、こういう歴史的な体験があるのです。権力者のさじ加減一つで、投獄されたり、虐殺されるという恐怖心があるのです。

またこれは、東南アジアの華人に関しても同じです。中国の共産化を恐れて東南アジアに移民した人々は、戦時中の政府の恐ろしさを知っています。しかし、移民した先で、今度は現地政府に迫害されたり、現地住民に恨まれて、暴動が起きた際に家や店を焼かれたりしています。焼かれても、政府は現地の人ですから助けてはくれません。

日本の学校の歴史の授業では、暗記をさせるだけで、こういう重要な事実を事細かく教えませんので、実感としてわかる人がいませんが、こういう身内に起こった事件などが、中国人や華人の政府や権力に対する感覚の元になっているのです。ですから、中国人や華人は、食べていくことができる「実学」を重んじ、現世利益的で、簡単に国籍を捨て、資産や子供の留学先を世界各国に分散させ、北米や欧州に移民したがるのです。そして、すぐに持って逃げることができる金や高級時計を身につけたりするのです。金であれば世界中どこに行っても売ることが可能ですし、高級時計は価値が変わらないので見栄えも良い投資なのです。中国人や華人の考え方は、長い間流浪の民であり、世界各地で迫害されてきたユダヤ人の人生哲学と似ている所があります。どこでも迫害されるので、お金を重視し、頭の中に「知恵」や「知識」という資産を持つために、教育に投資をするのです。頭の中に入っているものであれば、政府にも警察にも、地元の住民にも、ナチにも奪われることがないのです。

「ナイーブ」は愚かなこと

日本から飛行機で2時間もかからないロシアや中央アジアでもこれは同じです。旧ソ連時代を体験している人は、粛清や、ソ連時代のメチャクチャな時代をよく覚えています。私の友人のお祖父さんはユダヤ人ですが、戦争中には一族をすべて殺され、本人はモスクワから中央アジアへ強制的に移住させられました。移住する間に何人もの人が死んだのです。また、旧ソ連が崩壊した時には、どさくさにまぎれて国有財産を手に入れ、それを元手に商売した人が大金持ちになりました。

一方、ソ連時代から真面目に医師や大学の教員、薬剤師、技術者などとして働いていた人々は失業したり、生活レベルがグンと下がりました。政府なんて単なる仕組みにすぎず、国民の面倒なんて見てくれないのです。

ロシアや中央アジアではまた、役人は賄賂を要求するのが暗黙の了解です。権力者とはそういう存在なのです。警官も絶対に頼りにしてはいけない存在です。近くにいたら逃げた方が良いと言われることだってあります。例えば、私の知人の知人は日本人なのですが、モスクワで外を歩いていたら、警察に訳のわからない言いがかりをつけられて投獄されてしまったことがあります。ちょっと外出していただけだったのでパスポートを持っていなかったために日本人だと証明できなかったのです。どうも中央アジアのゲリラか何かだろうと言いがかりをつけられたのが原因なのですが、解放された後も、謝罪も何も一切ありません。これが普通なのです。

先進国であるイギリスや大陸欧州諸国、アメリカだって、政府は信用するものではない、が同一見解です。信用するべきものではないから、権力が変なことをしないように、メディアや研究機関などが、政府がやることを監視する仕組みを維持することが大事なのです。

ですから、先進国では、メディアの独立性の確保や、ジャーナリストに個人的な責任を求めることがとても大事だと考えられています。日本の記者クラブ制度や、メディアと政官財の癒着を知ったら、びっくりする人が少なくないわけです。癒着しているのでは、メディアが存在する意味がありません。

日本人は、ここ70年ぐらいは安定した生活をしてきたので、「政府が言うことは正しい」「テレビが言っているからそうだろう」と盲目的に考えている人がいますが、どうも忘れっぽいのか、お祖父さんやお祖母《ばあ》さん達が言っていたことを忘れてしまったのか、70年前の戦争でどんなに酷い目に遭ったのか、政府はどんな嘘をついたのか、メディアはどんな嘘で国民を煽ったのかということを忘れてしまっている方が少なくないようです。

そういう権力を盲目的に信じる態度は、海外では、「ナイーブ」=「自分の頭で考えない単純思考のバカ」と笑われる考え方です。政府や権力者の言うこと、検閲が入っているメディアのニュースや教科書を盲目的に信じること、テレビで垂れ流しにされる宣伝を信じることは、「自分の頭で考えない単純思考のバカ」のやることであり、子供のやることです。しかし、それがいかに愚かなことであるかは、震災の後に「問題ありません」が繰り返されることで、気がついた方もいるのではないでしょうか。権力者が言うことを盲目的に信じていると、逃げるタイミングを失ったりして死ぬのです。

権力者というのは自分を守ることしか考えていません。自分と家族さえ安全ならあとはどうでも良いのです。世間様、人様のことを考えている権力者というのは、よっぽどの人格者です。そういう人は多くはないのです。そして、国というのは、ベネディクト・アンダーソンが言うように、「想像の共同体」に過ぎず、国民というのは、アーネスト・ゲルナーが言うように、「発明される」ものなので、何々国の国民だから、という理由で、政府や権力者を盲目的に信じてしまうのは愚行なのです。

興味がある方は、図書館に行ってもネットでも良いので、近隣諸国の歴史を学んでみると「ナイーブであることは何と愚かなことか」ということがよくわかるはずです。

（参考資料）
ベネディクト・アンダーソン『想像の共同体』NTT出版
アーネスト・ゲルナー『民族とナショナリズム』岩波書店

政府もメディアも信じられないと呆然としている人へ

「政府もメディアも信じちゃいけないって？　じゃあどうすればいいんだよ！」という人もいるでしょう。答えは簡単です。自分で判断する力をつけましょう。

しかし、ちょっとしたヒントを書いてみます。それには、日本だけではなく、世界各地のさまざまな情報を拾って読むことが最適です。学術論文や政府の報告書、新聞、雑誌、さらには一般人のネットへの書き込みなど、ありとあらゆる情報がネットには飛び交っています。そういうのを、翻訳ソフトを使いながら読んでみれば良いわけです。

ただし、ある程度照準を絞った方がわかりやすいので、例えば学校での体罰問題に興味がある人は、各国の体罰に関する書き込みをいろいろ読んでみると良いです。そうすると、教育行政の見方から、刑法での扱いの違い、親のしつけ方の違い、生徒の考え方等々世の中にはいろいろな考えがあるんだなあということがわかるわけです。ある国では「子供は殴って当たり前。殴るだけじゃなくこういう方法もある。子供は絶対服従」と言ってる人もいるし、他の国では「殴った教師は刑法犯として即時裁判だな」という人もいます。政府で体罰に関して喧々囂々《けんけんごうごう》の議論をしている国もあります。

そういう世界の雑多な情報に触れてから日本の報道を見ると「ありゃ、これってずいぶん一面しか触れてないなあ〜」「海外ではって言ってるけど、海外っていったいどこのことだよ?」という疑問が湧いてくるはずです。そういう疑問が湧く、という状態が「物事を多面的な方向から見る態度」ということなわけです。

興味が湧いたら、他の分野の情報も読んでみると、いろいろな見方がわかって面白いです。

6章

2020年を生き抜くために

まずは自力で海外に出る

グローバリゼーションの進展により、世界は激変しています。国同士の力関係、働き方、経済など、ありとあらゆることが、今まで想像もしなかったスピードで動いているのです。そして、未来というのは誰にとっても予測のつかないことで、いつ、何がどこで起きるかは、誰にもわからないのです。自分が「変わってほしくない」「今のままであってほしい」と願っても、それは、単なる願いであって、自然災害や経済環境の変化、人の心が変わったこと、事故、病気など、「自分ではどうしようもない外からの力」で、自分の運命というのは簡単に変わってしまうものなのです。

私個人は、家族の事故や病気でそれを実感していましたが、東日本大震災を体験して、その思いがさらに強くなりました。人はいつ死ぬかわからないし、未来永劫変わらないものというのは、ないのです。まさに、平家物語の諸行無常の世界なのです。

「普通の生活」「いつでもあるもの」「物が普通に届くこと」「ご飯が食べられること」ということは、いつ何時なくなってしまうのかわからないのです。

先の見えなくなっている時代に、若い人は何をするべきでしょうか?

私は、まず自力で海外に出てみることをおすすめしたいのです。お手軽な方法としては、短期の旅行、バックパッキング、ワーキングホリデー、留学などがあります。お金と時間に余裕があるなら、可能な限りさまざまな国に行くことをおすすめします。旅行はすべて自分で手配することが原則です。宿や交通、ビザなどの手配を自分ですることで、その国の仕組みや法令、習慣などがよくわかるのです。さまざまな土地に行くと、日本との流通の違い、法規の違い、好まれる食品の違い、貧富の格差、現地で売れている商品、日本とは異なるしきたりなどを肌で感じることができます。

訪問する土地が多ければ多いほど、

「日本のやり方が当たり前ではない」

「日本のしきたりは広い世界の中のたった一つにすぎない」

「日本なぞ別にそれほど知られている国ではない」

「日本の生活は物質的に恵まれている」

「同じような人種しかいない国の方が珍しい」

「仕事が人生の中心になっている国は実は少数派」

「役人が賄賂を要求しない国の方が少ない」

「ミサイルが飛んでくる国がある」


ということがわかります。そのようなことを知ると、

「俺が日本で悩んでいたことはいったいなんだったのだ」

「ゲイの結婚なんて当たり前じゃないか」

「なんだこんな考え方もあるのか。近所の人や学校の先生にしつこく言われていたこ

とは間違いじゃないか」

「空気が読めない？　読まない方が当たり前なんだ」

「ヲタク？　世界中にいるじゃないか。他の国には尊敬されているヲタクだって大勢いるんだ」

「やせている方が美しいなんておかしかったのか。なんだ、豊満な体型でもいいのか」

「草食男子流行？　そんなのは日本の局地的なことじゃないか」

「三角形の穴に丸い棒を刺すのにはこんなやり方があるのか」

と「物事を違う方向から考えられるようになる」わけです。それは、外に出て、違う考え方や常識があるのが当たり前のこと、日本で当たり前ということはごくごく狭い地域の考え方でしかないことがわかるからです。日本にはさまざまな民族が少なく、他の国と陸がつながっているわけではないので始終さまざまな人の行き来がありません。そういう地理的な条件があるので、どうしても考え方が凝り固まってしまいます。

私は個人的には、新興国、宗教が異なる国、旧ソ連、独裁国家なども訪問することをおすすめしたいです。治安が悪い国もあり、海外初心者や英語が堪能ではない人には勧められないのですが、それらの国は、日本とは全く異なる倫理や考え方で動いていますので、自分の考え方や思考に対する衝撃が凄まじく、人生を変えてしまうほどの大きな刺激を受けます。

例えば、イスラム教の国では、何か物が届かないと日本人は怒りますが、現地の人は「アラーの思し召しだから仕方ない」と言います。旧ソ連では賄賂を払わなかったがために酷い目にあう日本人がいますが、現地の人は「賄賂を払うのが当たり前だと思わないお前がおかしい。お前が間違っているのだ」と言います。東南アジアで華人に出会うと「お前は財産を世界各地に分散していないのか？　政府を信じている？お前は頭がおかしいに違いない」と言われます。北欧では「君はなぜその美しい黒髪を醜いジンジャー色に染めてしまうのだ。君の頭はまるでゴミを掃くホウキに見える」と言われます。

日本で信じて来た価値観、考え方がすべて破壊されるのです。まるで、今まで太陽が東から上っていると信じていたのに、実は南から上るのだ、と言われるようなものです。言うなれば、宇宙物理を研究していた学者が、渋谷のギャルを観察していて、そこから何かのヒントを得て、突然に何か新しい研究アイディアをひらめくような感覚です。

私は、これからの先が見えない世の中には、こういう**「破壊による思考の転換やひらめき」**が大事になってくると思っています。考えてみてください。既存の考え方ばかりしていたら、「Twitter のようなウェブサービスや臓器移植の方法を考えつくでしょうか？　うどんにカレーをかけてみよう、と考えつくでしょうか？　うちわの竹を芯にして、電球を作ろうと思うでしょうか？　パソコンの本体を全部アルミニウムにしようと考えるでしょうか？　猫型ロボットが机からでてくる話を作ったら面白いと思うでしょうか？

新しい考え方をするには、既存の考え方や信じていたことを、徹底的に破壊される必要があるのです。天才、奇人、発明家、芸術家や、世を悟っている人は、わざわざ場所を移動しなくてもそれを自然にやることができます。周囲に流されないという勇気があるからです。しかし、凡人の我々にはそれは簡単ではありません。簡単ではないから、外部の力や、外部の裏付けを借りることが必要なのです。それが海外にでる利点の一つなのです。

しかしながら、私がもっとおすすめしたいのは、**自力で数年間海外に住んでみて、自力で仕事を探して働いてみることです。**

短期の旅行、バックパッキング、ワーキングホリデー、留学は、期間が短い上に、受け入れる側からすると、あくまで「お金を落としてくれるお客さん」にすぎません。お客さんに酷い扱いをする人はいませんし、お客さんはお金を稼がなくても、結果を出さなくてもすみますから、現地の人との利害対立を経験することがありません。お客さんという立場では、外国に住むことの厳しさ、自分が外国人という立場でお金を稼ぐ大変さ、お客さんではなく一人の日本人としてどう見られるか、ということがわからないのです。これは、企業に派遣され、駐在員として働いたり、海外で商売をする際に、向こうの物を買う「お客さん」という立場でも同じです。厳しい環境にさらされないので、本当の厳しさ、孤独、辛さ、日本の地位というものは、相当感受性の高い人でない限り一切わかりません。

自力で数年間海外に住んだり、自力で仕事を探して働くという立場は、「短期滞在」とは全く違います。自力で住んだり働いたりするには、まず、ビザを手配したり住宅や仕事を自分一人で手配しなくてはなりません。ものすごく大変です。現地の言葉がよくわからなければなりませんし、法規を理解しておく必要もあります。仕事を探すには自分を売り込まなければなりません。

自分で仕事を探すと、自分のスキルや学歴が、日本の一歩外ではどのように評価されるのか、がよくわかります。日本で有名大学を出て、有名企業に勤めていたような人でも、地獄の底に突き落とされるほどの屈辱を味わいますが、それが日本の外での自分に対する「本当の評価」なのです。周囲には言葉の通じる人も日本食の店もありません。言葉も第二言語や第三言語で思うように伝わりませんので、孤独を味わいます。そして、現地の人とお金や仕事など利害の絡む関係になりますので、とにかく日本が好きだ、という人は実はそれほど多くはないのだ、ということが身にしみてわかります。お客さんだった頃は「裸の王様」だったのです。

人種差別に遭うこと、いじめに遭うことだってあります。それがどれだけ残酷で辛いことかは、当事者になってみなければわかりません。人種や国籍というのは、自分の力でどうにかなるものではありません。そういう理不尽な理由でいじめや差別を受けると、日本国内で、見た目や障碍や金銭の有無、性別、性的嗜好、年齢などでいじめや差別に遭う人の気持ちもわかるようになり、人生の幅が広がるのです。

このような体験を経ると、**本当の意味で「外国人」になるということの「孤独」「海外における日本の本当の地位」「自分の本当の評価」というのがよくわかる**わけです。こんな辛い思いをする必要はないだろう、と考える方がいるかもしれませんが、こういう体験をしておけば、正直言って、**世界中どこに行ってもやっていける、という自信**がつきます。日本よりも数倍困難な環境でお金を稼ぐことができれば、日本での仕事だって赤ちゃんの手をひねるようなものです。日本で大変だ、大変だと悩んでいたことが、誠にばからしくなるのです。空手でたとえるならば、白帯だった人が、さらに困難な試験やワザに挑戦して、黒帯を取るようなものです。

そして、自分自身が外国人になってみることで、日本に住む外国人のことがよくわかるようになります。日本がいかに多様化からかけ離れた社会であるか、よそ者はいかに疎外感を感じる社会であるか、なぜ優秀な外国人は日本に来たがらないのか、ということがよくわかるのです。

日本は少子高齢化社会に突入し、労働人口が激減していきます。日本国内の市場も縮小していきます。島国で資源のない日本にとって、外から人を受け入れて活躍してもらうこと、また、世界のさまざまな国と協働しながら豊かになっていくことは避けられないことなのです。**そういう環境では、外国人になること、多様な人と協働するとはどういうことか、ということを知っている人は大変重要になるのです。**国内にずっと留まっているだけの人では、それが肌感覚でわからないのです。私は、日本の環境が激変するからこそ、若い人には、なるべく早いうちに、外国にでていてほしいと考えています。

食うためのスキルはこうして身につける

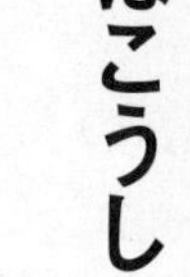

これはTwitterでも頻繁に質問されることですが、若い人の場合は、住む場所や時代が変わっても変わらないものを若いうちに学ぶとよいかもしれません。それは哲学、歴史など**「物を考えるための教養や考える方法」**、数学、物理、医学などの**「原理原則が変わらないもの」**です。食べていくためのスキルとは、それらを組み合わせたものなのです。

また、**「他の人がなかなか真似できないもの」「やりたがらないもの」「身につけるのが難しい技能を使ったもの」**を仕事にするのもよいのです。「人と同じではない」からこそよいわけです。例えば、ＩＴ業界であれば、技術者が引退してしまったがどうしても動かさなければならないシステムの開発や保守ができる人、スマートフォンのアプリケーションを開発設計できる技能がある人、多国籍なチームを仮想環境で管理してソフトウェアを提供できるスキル、などです。

また、腕の良い寿司職人やフランス料理人、針治療士、外科医、会計士さん、大工さんには代わりがいませんし、技術を身につけるのも大変ですから、競争相手がいません。「人がやりたがらない仕事」に関しては、イギリスに良い例があります。レンガ職人やボイラー職人、数値分析できる人や科学者、技術者などをやりたがる人がいないので困っている所がたくさんあります。販売や美容など華やかな仕事をやりたがる人が増えたため、人材が不足しているのです。

真剣に海外に出るならこういうルートがおすすめ

1章で触れたように、日本は今後枯れていく国です。高度成長期のような時代はもう望めないと考えるべきでしょう。「日本を脱出して暮らすためにはどうすればいいか」という質問は、先の「食いっぱぐれのないスキル」と同様、とても多いものです。

特に若い人は、今後日本で仕事が減っていくことも考えて、外国でも食べられるスキルというのを考えておくのも良いかもしれません。選択肢が多ければ多いほどリスクを回避することができるからです。

外国で食べていける仕事とは、簡単に言うと、

1. 言葉や文化的な違い、地縁、血縁など関係なく稼ぐことができる仕事
2. 人手が足りない仕事
3. 日本人であるメリットが生かせる仕事

の3つです。人材が足りていない業界やスキルであれば、外国人であってもその国に住みながら働くためのビザ（雇用許可証）を出してもらえます。そういう動向を知るには、普段から政治経済のニュースや求人動向などに目を通して、どんな土地ならどんな仕事の需要がありそうか、この先経済はどんな方向に向かっていくか、などを考えておくことも重要です。その時々により、需要のある仕事というのは変わっていくからです。

日本でも、外資系で働いていて頻繁に転職を繰り返す人にとっては当たり前の考え方ですが、新卒一括採用で同じ会社にずっと勤めている人には少々なじみがない考え方かもしれません。これら3つの分野の仕事をゲットするために重要なのは、働いてみたい国で就労許可を得ることですが、就労許可を得るには、雇用主が仕事をオファーすることが大前提になっている国がほとんどです。

いきなり仕事をくれる雇用主を探すというのは少々ハードルが高そうですが、やってみると実はそれほど難しくはありません。ネットを使って、働いてみたい国の求人サイトや新聞の求人広告を検索すれば良いのです。求人サイトを探し当てたら、自分の専門分野や日本人を必要とする仕事を検索してみます。そうすると、だいたい何件の仕事が、どこで募集されていて、給料はだいたいどのくらいかというのがわかります。

同時に、その国の政府の移民局なり外務省なりのサイトから、移民の要件や雇用許可証を取得する方法を調べます。移民コンサルタントなどもいますが、まずは自分で「第一次情報」をじっくり読んで調べてください。条件を調べたら、履歴書を書いて雇用主に連絡し、交渉を開始します。その国で需要はあるが人が足りていない分野であれば、案外簡単に雇ってもらえますので、何か技能がある方は是非挑戦してみてください。

実際に今探してみると、Javaプログラマ、鉱山技師、化学の研究者といった案件があります。

また、イギリス旧植民地のカナダ、ニュージーランドやオーストラリアなどは移民を奨励していますので、欧州に比べると雇用許可が下りやすいです。これから経済が伸びていきそうなインドや東南アジア、ブラジルに行ってみるというのも良いかもしれません。

私が海外に出た理由

さて、私の場合なぜ海外に出たかというと、単に旅行が好きで、外国のいろいろな物を見たり食べたり、外国の人に話を聞くのが好きだからという理由がその一つであ

ります。日本だとだいたい似たような人が多く、どこに行っても風景も文化もだいたい似てるので、飽きてくるというか、もっと面白い物が見たくなります。

それと、私はハードロックとヘビーメタルという音楽ファンでありますが、この業界は、バンドのほとんどはイギリスやアメリカやドイツやノルウェーなど、外国のバンドであります。そういうバンドのギグを本場で見たり、歌詞を理解するには英語が必要で、本場のギグを見るには外国に行かねばならないのです。やはり、マニアとしては本物を極めなければなりませんので、そこは外せません。鉄道マニアが線路を収集したり、ゲーマーが海外のゲーマーと対戦したり、ドルヲタがアイドルを見に行ったり、アキバの地下アイドルヲタがどんどん深みにはまり支持者10人しかいないアイドルに入れこむとか、女装マニアが全身脱毛するとか、入れ墨マニアが尻の穴にも入れ墨してしまうとか、無線マニアが無線機買うのと違いはありません。

TVK（テレビ神奈川）のミュージックトマトという番組でメガデスというスラッシュメタルのバンドのインタビューを見て「字幕でしか意味がわからない、ああ、英語ができて、大佐（リーダーのデイブ・ムスティンという方）の言ってることがわかったら、このコンセプトアルバムの意味がわかるじゃないか!! クソ、字幕だと大佐がまるで小学校の先生みたいなしゃべりだな！」と悔し涙にくれたこともありました（しかし、後日英語がわかるようになって聞いた大佐の発言は、すべてがDQN丸出しで、しかもヤク中なので言っていることは意味不明、さらにキリスト教にディープに入信してしまい、俺の青春返せ状態になったのでありました。さらに歌詞を読んでみたら『18番倉庫には宇宙人がいて地球は危ない〜俺からは電波が出てる』という危ない内容でありました。人生とははかないものです）。

一方で、「面白い物がみたいな〜」「メタルを極める」という緩い理由の他に、子供の頃からのサブリミナルな影響もあったように思います。これは、私の実家が米軍基地の近所にあり、子供の頃から「海の向こうだと、食べる物も考え方もギャグも服も全然違う」というのを、日常生活で体験したからでありましょう。

基地の開放日に中に入りますと、道路の幅から自販機からスーパーから、全く違う風景が広がっており、家にアメリカ軍人の英語の先生が来ますと（父が英語を習っていたので家に来ることがあったわけです）、なんだか巨大な外国人がコーラをガバンガバン飲んでいて、全然違う言葉をしゃべって、「おーへいゆー」とか言ってるわけです。車も巨大です。「うひゃ！　アメリカっちゅう所に行くと、何でも違うんだな」

と思ったわけです。また、実家の上は戦闘機の飛行経路でありました。80年代には夜10時頃まで実戦で使われる戦闘機がズギューンバギューングオポオオオ、と飛び交っておりました。本当に家の真上なので落ちたらそれでお終いです。常識的に考えて、これって危ないしどう考えてもおかしいのですが、アメリカさんは、ゴミみたいな住宅街の上で実戦用の戦闘機をビュンビュン飛ばしても全く怒られないわけです。戦闘機の爆音を聞きながら「あ〜強い人には逆らえないってことだな。アメリカさんは強いんだよな〜」と思っていました。基地の近くの鉄格子の柵には「ここを越えたら銃殺」と書いてあります。その横を、牛糞《ぎゅうふん》堆肥を積んだ軽トラが通り、幼稚園の子供が列をなして歩き、周囲にはゴミみたいな家とパチンコ屋が並んでいます。戦闘機が一機落ちたら全部一瞬で吹っ飛ぶでしょう。FENから流れるマイケル・ジャクソンやマドンナを聞きながら、そういう強い国とはどういう所なのか、見ないといけないよなあ〜と思っていたのです。

また父や叔父はある会社の技術者ですが、戦後、アメリカやドイツから物を日本に持って来て、文献を解読し、コピーして、改変した商品を作っていました。叔父と父曰く「日本の戦後の技術開発というのは要するにコピー。今の中国と変わらん。ドイツとかアメリカにはかなわん。そのかなわん部分を学ぶのは凄く重要であるから、英語をちゃんとやって、あっちのやり方は学ばないとならぬ」が信条でありました。技術はごまかしが利きませんので、日本の勝ってる部分、ダメな部分がわかってしまうわけです。そういうのを子供の頃から聞いてましたので「ああ、日本のやり方だけ知っていたらよくないな。いろいろ知らないといけないな」と思い、海外に出るようになりました。

偉そうなことを言っておりますが、要するにかっこいい理由はありませんので、実は説教する立場にはありません。まあ、言いたいことは、そういう緩い理由でも、何となく外国に住んでみたり、行ってみることは何とかなってしまうということです。

老人に稼ぎを〝吸い取られ〟て死なないために

日本の人口というのは、2004年末をピークにしてその後は減少していますが、

その一方で、日本は世界でも類をみない速さで高齢化が進んでいる社会です。日本の高齢者の人口は今後25年にわたり増えていくと見られていますが、実際のその増加予測を数字で見ると、あっと驚かされます。エイジング総合研究センターが2006年2月に発表した「日本人人口の将来推計」は、学者などの専門家が策定に関わった推計ですが、この調査によると、なんと2050年には日本人人口は9000万人以下に減少し、65歳以上の高齢者は人口全体の40%になることがわかりました（http://www.jarc.net/?p=294）。総務省の人口推計によると、日本の65歳以上の高齢者の人口は平成21年10月現在で2901万人と、約5人に1人が高齢者なのですが、2050年にはそれが倍以上になる、ということなのです。高齢者のうち15%ぐらいは介護が必要な人々ですが、この10年間でその数はほぼ2倍に増えているのです（http://www.mhlw.go.jp/topics/kaigo/toukei/joukyou.html）。仮に高齢者の人口が2050年には今の倍以上になるとすると、介護が必要な人も今の倍以上、になるということです。一方で、人口は減っていきますから、働いて稼げる人達の数というのも減っていきます。その少なくなった人達で、お金を稼ぎだし、税金を払って、高齢者や介護が必要な人達を支えていかなければならない、という状況になっていくわけです。

日本は国としてすでに莫大な金額の借金を抱えており、近いうちに破綻する、と予測する人もいるほどです。しかし、そういう中から、増加する高齢者や介護が必要な人の面倒をみていかなければなりません。その上、バブルの頃や景気が良かった頃に建てた道路やトンネルもどんどん老朽化していきますから、メンテナンスの費用も必要になっていくでしょう。日本経済はどんどん縮小していきます。OECDの予測では、2060年の日本のGDPは、中国の約9分の1に、インドの約6分の1になってしまうのです（http://www.oecd.org/newsroom/balanceofeconomicpowerwillshiftdramaticallyoverthenext50yearssaysoecd.htm）。実際にそうなった場合どうなるかというと、国全体が貧乏になりますから、会社から入ってくる法人税が減ります。税金が入ってこなければ国が運営できませんので、個人から集める所得税を増やしたり、消費税を増やす他ありません。国に石油やダイヤの鉱山でもあれば、そういう資源を売って何とかなりますが、日本はノルウェーや中東ではありませんので、そんな物はありません。そうなると、働ける人は今よりも多くの所得税を払うようになり、消費税はぐんとあがる一方、高齢者やインフラに回さなければならないお金が増えるので、学校や病院、育児手当などとして受け取ることができる「公的サービス」の量も質も減っていく、ということです。今のイタリアやギリシャでは税金が高いのに道路がボロボロだったり、交通機関がボロボロだったり、図書館や学校もイマイチと、公的サービスが酷いのですが、それのもっと酷い状況になる、ということです。

さらに、その頃は、通信や移動の技術が今よりも発達するはずですから、労働というのはもっとグローバル化しているはずです。現在も業界によっては、労働のグローバル化で賃金が全世界レベルで平均化してきており、賃金の低い発展途上国などでもできる仕事の給料が下がっていたりしますが、将来的にはそれがもっとさまざまな業種に広がっていくはずです。そうなると、業界によっては今より給料が下がってしまう、一方で、税金や健康保険などの社会保障費用はグンとあがるが、受けられるサービスの質は低下する、ということが起こりえるわけです。一生懸命働いても、受け取れる給料は安くなり、その多くは、増え続ける高齢者の介護に回ってしまう、というふうになるわけです。生活できなくて死んでしまう人もでてくるかもしれません。さて、そういうふうに稼ぎを吸い取られて死なないようにするには、いったいどうしたら良いのでしょうか。

専門知識をがむしゃらに身につけろ

日本の外の先進国でも、大学進学率は日本とだいたい同じくらいです。新興国では小学校にさえ通えない人が大勢います。

しかし、先進国でも新興国でも、大学というのは「勉強する所」です。ソフトウェア産業や金融、化学、医療、材料化学など、かなり高度な知識が必要な業界では、大学で身につける専門知識や、物事を多角的に見る考え方などが、仕事をして行く上での基礎になります。基礎がなければ仕事はできませんので、多くの職場では、その仕事にあったことを勉強して来た人を採用しますし、大学での成績も重要です。さらに、日本と違い、先進国の多くの大学では、底辺校であっても、大学で要求される勉強の量が日本よりも多く、成績審査も厳しい場合が少なくないのです。

先進国の大学は、他の先進国の大学と留学生や自国の学生を取り合っていますので、大学の教育や研究レベルの向上に熱心です。日本と異なり、多くの先進国では大学に進学できるぐらいの学力を持った人は英語ができますので、お金があるなら他国の大学にもわりと気軽に進学するのです。学生が減ってしまえば学費による収入は減りますから、いくら国から補助金が出ているとは言っても、大学が経営できなくなってしまいます。

また、優秀な学生が減る、ということは、その国の「国力」を左右する事柄です。優秀な学生を確保するために、各国は大学の教育水準向上に大変な労力をさいており、教育や研究の質を維持するために、学生がきちんと勉強するような仕組みを作っています。例えばイギリスの場合だと、大学の研究実績や授業の実績の監査、むやみに新設の大学を許可しない、質の悪い大学には意図的に補助金を減らし縮小して行く、などです。知識産業の強さが経済の強さを左右する現在では、大学における高等教育が、優秀な知識産業の担い手の有無を左右するため、付加価値のない大学に貴重な税金をつぎ込むわけにはいかないのです。さらに、どこの国も学費は安くはありませんから、消費者側である学生や親も大学に対する評価は厳しいのです。アメリカの場合、私立大学だと学費だけで年間400万円くらいかかる学校もあります。イギリスの場合は、大学は一校を除きすべて国立ですが、学費は年間100万円を超えます。どこの国の人にとっても大学の学費は大変な投資です。投資であるから、投資した分は取り返したいと思う人が多く、学生は必死になって勉強します。

新興国の学生は、先進国の学生以上に勉強をしています。そもそも大学に進学できる人が先進国に比べると限られていますし、仕事の数が少ないため、成績優秀者でなければ、給料の良い外資系企業や優良企業での仕事に就けないのです。

そんな国の学生からすると、こんな不景気なのに、遊んでいても卒業できるような学部や学科が大量にある日本の大学は不思議でしょうがないのです。日本であっても大学で勉強するには数百万円の「投資」が必要です。特に今は景気が悪いですから、そんな大金を払って学校に行かず、サークルという名前の「余暇活動」や、時給数百円のアルバイトに精を出している日本の学生が理解できないのです。

今は先が見えない時代で、物事は今まで考えられなかった早さで変わっています。仕事のあり方も変わっています。通信コストや交通コストが減ったことにより、今や多くの仕事は人件費の低い国や地域、不動産価格の低い国や地域でやってもらうことが可能です。さらに、安い賃金で仕事を請け負ってくれる個人に分割して仕事を依頼することだって簡単なのです。「労働力のグローバリゼーション」により、賃金が地球規模で平坦化されているのです。日本語や日本文化という障壁はどんどん小さくなり、サラリーマンの仕事の多くも、もっと賃金の安い地域で処理されるようになるかもしれません。そうなった場合、価値を持つのは「付加価値の高い考え」「斬新なアイディア」になるわけです。そういったものは、「その人だからこそ」考えつくわけであり、賃金の安い人、仕事の速い人に外注したからと言って湧いてくるものではありません。

「付加価値の高い考え」「斬新なアイディア」というのは、突然湧いてくるわけではなく、さまざまな知識や仮説の「組み合わせ」、「仮説の検証の繰り返し」、他者との何気ないやり取りから生まれてくることが少なくありません。そういった「さまざまな知識」を得たり、「仮説の検証方法」を学んだり、「多様な人と利害関係なしで意見を交わす訓練」をすることができるのが、大学という場所なのです。

「違う」から価値が生み出せる

「労働力のグローバリゼーション」により、賃金が地球規模で平坦化されると、価値を持つのは「付加価値の高い考え」「斬新なアイディア」です。これは、グローバル化が進んで、世界各地で「似たような物」が増えているからこそ、あえて、「ローカルな物」が注目を集める現象と似ています。例えば、ヨーロッパで流行っている服を見ていると、アフリカの伝統的な柄、中央アジアの伝統的な織物、ジプシーファッションなどを取り入れることが流行っています。似たような物があふれるからこそ、違うことが新鮮なのです。

２０１２年には北米やヨーロッパでは韓国のＰＳＹが歌って踊る「江南スタイル」が大流行し社会現象になりました。物凄く韓国的で、えらが張っていて、どうみても八百屋のおっさんにしか見えない自称セレブのＰＳＹが、韓国語で奇天烈《きてれつ》な歌と踊りを披露したのがユニークで良かったのです。

日本の芸術家の村上隆《むらかみたかし》さんの作品は世界中の人々の度肝を抜いています。萌え、アニメなどを現代芸術に昇華させて、世界のアート業界に殴り込んだ人なぞ誰もいなかったからです。アニメ顔の少年が射精しているフィギュア像を現代アートとして発表する作家など、世界広しといえども日本にしかいないのです。

作家の村上春樹《むらかみはるき》さんはヨーロッパでも大人気です。日本人なのに国籍不明でジャズを聴いていていつもふられている主人公がでてくる、というのが、外国の読者にはもの凄く斬新で、日本的でもあったわけです。主人公は一年中うじうじ悩んでいて、好きな女性がいても「ああ、彼女は素敵だ」とか何とか心で思っていますが、いきなりナンパしたり「俺は君の太陽」と言ったりしません。そういうヨーロッパ的ではないキャラクターの表現などが良かったわけです。

ヨーロッパでは、コスプレやアニメが人気です。パリのジャパンエキスポは毎年数万人の人を集めるほど大盛況です。ヨーロッパ的感性からすると、日本のアニメのお話もキャラ設定も「ありえない」メチャヤクチャさです。コスプレという概念も独自です。しかし、コスプレもアニメも「ヨーロッパ的でも北米的でもないから」良いのです。違うから良かったのです。あんなものはベルリンにもアクラにもチュニスにもないわけです。つまり、どこでも「同じ物」が増えるからこそ、「違うもの」「独自な物」の価値が高まるわけです。

仕事に関しても、通信環境の進展により、世界各地で「同じような仕事」をすることが可能になってきています。例えば、体系化された品質管理の手法や開発手法を使えば、ミャンマーの人がコードを書こうが、北朝鮮の人が書こうが、イギリスで書こうが、だいたい同じ物ができます。違うのは値段です。差が出るのは、システムの設計やコンセプトの企画、その製品を売ってお金を稼ぐ仕組みを企画するなど、「独自のアイディアが物を言う工程」です。そういう「独自のアイディアが物を言う工程」では、誰がやっても同じものができるわけではありませんし、売り方も、消費者向けに売ったり、ネットで売ったり、法人に数年単位の契約を売るなどさまざまなやり方がありますから、やり方は人それぞれです。

これを、例えば同人誌を作る人で考えてみましょう。同人漫画のストーリーを考え、キャラクターもデザインし、絵も描ける人と、色しか塗ることができない人では、付加価値が高いのは前者になります。その人しかできない仕事だからです。色塗りは塗り方を細かく指定されていれば言われた通りにやれば済みますから、わざわざ給料の高い日本人を雇わないで、カンボジア在住のカンボジア人や、ウズベキスタンのタジク人に頼んだ方が得なわけです。日本人としての給料をもらっていきたいのなら、「同人漫画のストーリーを考え、キャラクターもデザインし、絵も描ける人」にならなければいけない、ということです。つまり**「誰にも真似できないスープと麺をだす世界でたった一軒のラーメン屋台になれ」**ということです。

ただし、ここでのポイントは「世界に一つの花だからいいさ。はははーん」と自己満足しているのではなく「俺が作ったラーメンは世界に一個しかない。食べてくれ。どうだ？　うまいだろう？」と売りこんで、お客さんに「うまいよ。ここにしかないよ」と言ってもらう、つまり行動に移して結果を出さなければ意味がない、という点です。

「誰にも真似できないスープと麺をだす世界でたった一軒のラーメン屋台」になるには、他人と同じ考え方、同じ行動、同じ物を見聞きしていては無理なのです。同じ物を見たり読んだりしても、それを違う方向から検証してみる。また、関連する物を自発的に探して自分の世界を広げる。また、人が「これは縦から横にするしか方法がない」と言うことを「水槽に沈めて鞭で叩かれながらイチジク浣腸を注入してみる方法もある」と提案する人になる必要があるわけです。

毎日友達と地上波放送のテレビだけ見て、同じような記事を垂れ流す新聞を読み、コンビニでみんなと同じ物を食べ、みんなが買うからと同じ物を買っていては、**「水槽に沈めて鞭で叩かれながらイチジク浣腸を注入してみる方法もある」と提案する人になることはできません。**周囲と同じ物を頭に詰め込み、同じ行動をとる、ということは、人が宣伝した物を信じ込んで買ったり、人が意図したように動く、ということです。要するに自分では何も考えないということです。何を買うか、何を食べるか、何を着るか、何を読むか、何を正しいと判断するかなど、普段の生活の一つ一つを自分の頭で考えていなければ、いざという時に独自のアイディアなど浮かんでこないのです。

そして、そういう独自性というのは、いざという時に自分や周囲の人の命を救うのです。皆が逃げない、大丈夫だ、正しいと言っているからといって、それは正しいとは限りません。自分で正しい情報をつかんだり、よりリスクの低い選択肢を見つけ出したのなら、周囲が何を言おうとそれを信じて実行に移さなければ死ぬのです。

震災後の原発事故の後に、それを実感した方は少なくないのではないでしょうか？

皆が正しいと言っているからといって、完全に正しいこと、ということはありましたか？

そして、「水槽に沈めて鞭で叩かれながらイチジク浣腸を注入してみる方法もある」を言い切るということは、孤独になる可能性もあります。しかし、そのような孤独に負ける人では、激動する世界で生き残っていけないでしょう。あなたの個性のない考え方と同じ考えを持った人は、給料があなたの10分の1であるチュニジアの人かもしれないし、あなたの無個性な仕事と同じ作業を、インドのバラナシに住む高校生でもできるかもしれないのです。

エジソンは周囲が買うからと同じ本を買ったでしょうか？　アインシュタインは、スイスの特許局で同僚からあなたは変わっていると言われることに負けたでしょうか？　本田宗一郎《ほんだそういちろう》はバイクなんか作るのは無理だ、と言われてあきらめたでしょうか？　荒木《あらき》飛呂彦《ひろひこ》はスタンドなんて馬鹿げてると言われてジョジョをやめたでしょうか？　オジー・オズボーンは、お前のようなゴミは犯罪しかできない、と言われて泣いたでしょうか？　ジェームズ・ダイソンは、掃除機に価値なんてないと言われて開発をあきらめたでしょうか？

生き残るためのキャリアを形成するには勇気が必要なのです。日本の若い人の多くに必要なのは**「自分ならこうする」「ワタシは違う」「俺はできる」と決心し、口に出して言う「勇気」**なのです。

日本人女性こそスキルを磨け

日本では少子高齢化が進んでいきます。国内市場は小さくなり、日本の経済は活力を失っていくでしょう。

一方で、労働人口はどんどん減っていきますが、女性が活躍する場も広がっていくはずです。労働人口が減るので、女性も働かなければ経済を動かしていくことが無理になるのです。また日本全体が貧しくなっていくと、各家庭の収入も減るでしょう。旦那さんだけの収入で生活していくことは、今よりもっと大変になるはずです。

多くの先進国では、配偶者控除や、主婦は年金の保険料を免除される、という制度はありません。女性も労働力として働くことを奨励しているという理由もありますし、税金の金額の違いや補助という形を通して家族の形を国が規定してしまう、というのは、人の生き方を国が指導する、という「差別」になってしまうからです。主婦だけ優遇という制度は、他の国ではゲイや独身の人、事実婚の人に対して不公平になってしまいますから、たくさんの抗議が起こることでしょう。日本も人の生き方や家庭のあり方はもっと多様化していくはずですから、「専業主婦家庭を優遇」という制度はどんどんなくなっていくはずです。

また、今後は雇用の形態が激変するはずです。ホワイトカラーの仕事の多くは、より賃金の安い地域に移っていきます。正社員という雇用形態もドンドン減っていくでしょう。特に、知識やアイディアが物を言う仕事だと、プロジェクト単位で誰かを雇う、成果物だけ提供してもらう、という働き方でも困らないわけです。要するにフリーターのような状態の人が増える、ということです。しかし、働き方がこのように変わっていくというのは、出産や家族の事情でキャリアが中断しがちな女性にとって実は有利なわけです。子供を産んでも細切れで仕事をすることが可能になりますし、労働時間ではなく成果物で勝負をする世界であれば、体力的に不利でもアイディアや物さえ良ければ十分付加価値をだすことができるのです。

現に、日本よりも早くこのような働き方にシフトしている業界の多いイギリスでは、こういうより柔軟な働き方の中で、数多くの女性専門家が活躍しています。小さな子供を抱えた人、親の介護をしている人、さまざまです。家族と暮らしながら家で仕事をして、時々会社に来る、家族の都合で海外に転居しても仕事をしている人などもいます。デザイナーやコンサルタント、文筆業、プログラマー、データベース設計者など、知識を売るような仕事に関わっている人が中心ですが、一方で、秘書や管理職という、「柔軟な働き方」とは無縁な感じの人もこのように働いています。

日本の会社は、会社に何時間もいて残業も当たり前、という今までの「非効率」なやり方では仕事をしていくことができなくなるはずです。それではコストが削減できませんし、何より世界中から優秀な人材を雇うことができないのです。日本の会社も、ゆっくりではあるとは思いますが、変わっていくと思います。そうなると、日本の女性こそ、これからもっと活躍できる場が増えていく、ということです。今まで最初からキャリアを作ることをあきらめていたような日本人女性にこそ、チャンスが巡ってくるのです。そのチャンスを逃《のが》さないために、日本人女性こそ、スキルを磨いていかなければならないのです。

これからの日本に必要なもの

これまで書いてきたことのまとめになりますが、私はこれからの日本には、以下が必要だと考えています。

1. 働き方を変える

中国やインド、ブラジルなどの新興国が力を付けていく一方、日本の国力は低下していきます。少子高齢化で国内市場は小さくなり、支えなければならない老人が増え、労働人口が減ります。そうなると、今の生活レベルを維持しながら付加価値の高いサービスや製品を生み出していくには、少ない人数で仕事を回していかざるを得ません。今のように、残業は当たり前で、過労死する人がでるような働き方では、今以上に少ない人数で仕事を回していくことは不可能になるのです。つまり、今以上に効率的な働き方をするべきなのです。それには、法律を整えたり、通信インフラを整備するといった仕組みを作るだけでは不可能です。働く人一人一人が「これは意味のある活動なのか？」「本当にやるべきことなのか？」と自問自答していかなければならないのです。

2. 自分のこととして考え行動する

日本には受け身の人ばかりです。受け身である理由は、自分で何かやったり何か言わなければ、絶対に失敗することがないからです。これは、減点主義教育や、「空気を読め」という無言の圧力が蔓延する社会の弊害です。しかし、受け身できた結果のしっぺ返しにあっているというのが今の日本ではないでしょうか。無関心だったから原発はあんなことになってしまいました。抗議しないからブラック企業はいつまでたってもなくなりません。訴えないから、産休を取ったら辞めろという会社はなくなりません。無関心だったから税金は謎の目的に使われてしまいました。誰もおかしいといわないから、テレビや雑誌には嘘の健康情報や、プロダクトプレースメントの商品があふれています。痴漢にあっても誰も声を上げないから、女性は女性専用車両に隔離されなければなりません。誰も抗議しないから、天下りした人が莫大な退職金を貰うのが当たり前なのに、親の介護で悩んで自殺する人がいます。訴えないから過労死するほど働かされる人がいます。

何も言わないこと、受け身であること、言われたことやある物をそのまま信じてしまうことは、誰かにとって都合が良いだけで、自分にとっては何も良いことがないのです。誰かが考えたことを飲み込まされているだけなのです。誰かの責任だと愚痴を言っていても、物事は何も変わらないのです。

何かを変えたければ、自分の頭で考え、勇気を持って「これは違う」「これはおかしい」と言うべきなのです。

3．多様性を受け入れる

人口が減っていく日本にとって、人材の厚みが薄くなることは避けられません。文部科学省の行なった調査では、日本は科学技術分野でさえも、人材の流動性が低く、組織の内外はおろか海外との人材の出入りがありません（http://www.nistep.go.jp/achiev/ftx/jpn/mat163j/pdf/mat163j.pdf）。アメリカは科学技術分野の起業家の多くは海外生まれの外国人で、研究者や学生、技術者の多くは世界各国から集まった外国人なのです。これは、イギリスやスイスのようなヨーロッパの国でも同じです。さまざまな人が集まってくるので人材の厚みが違うのです。経済を左右するのは、「量」ではなく「質」の時代です。物を言うのは何をたくさん作るか、ではなく、「どんなことを考えつくか」なのです。それには、多様な人との交流、はっとするようなアイディアを思いつくことができるかどうかが重要なのです。さまざまな人がいればいるほど奇抜なアイディアが出てくる可能性が高いのです。世界的に見ても、知識で勝負している組織というのは、多様な人材で構成されています。

日本が国力を維持していきたいのであれば、ガラパゴス主義はやめて、多様な人を世界各地から受け入れるべきなのです。また、奇抜な発想をする人、独自の発想をする人を大事にすべきなのです。「違うからダメだ」と拒否するのではなく、「違うから良い」「違うことは面白い」という発想に変わっていかなければならないのです。

そのように考えるには、まず、自分自身を尊敬しなければなりません。自分の心に正直になり、自分の考えを素直に出していくことです。心の声に逆らってはいけないのです。自分に正直になれた人は、人に対しても正直になることができるはずです。

それは、すなわち、自分とは異なる「他者」というものを尊敬し、認める、ということなのです。

文庫版のためのあとがき

本書のハードカバー版を出版した後に、ネットには様々なレビューが掲載されました。面白いのはそのレビューが「最高」と「最低」の真っ二つにわかれたことです。私自身が面白いと感じたのは「最低」のほうのレビューでした。「そんなことはない」と否定する一方で、自分の悩み、苦しみ、悔しさ、疑問といったものを表現している人が大勢いたからです。表現できるパワーがあるということは、何かを変えたいと思っておられるのでしょう。

私自身には資産もなく、美貌に恵まれているわけでも、何か権力があるわけでもありません。著名人でもありません。このようなちっぽけな一般人に過ぎない私の独り言が、読者の皆さんの生活を少しでも刺激的にし、何かを考えるきっかけになったのであれば、それは私にとって何ものにも代えられない喜びでありますが、それがネットをきっかけにおきた、というのは、東京郊外の小さな町の図書館で、矢追純一先生のUFOの謎を読んでいた小学生の自分には想像できなかったことです。ガリ版刷りで学級新聞を作って配ることが生きがいだった自分には、ネットというのは、まるで魔法の道具がやってきたようなものなのです。

本書をお読みになり、私はこう思う、こうしたほうがいいんじゃないか、と思った方は、ぜひこのネットという魔法の道具でその意見を書いてみたり、他の人と議論してみてはいかがでしょうか。私達一人ひとりは小さな存在ですが、それに大勢の人が取り組むことで、何かが変わるかもしれません。

本書は、二〇一三年四月、小社より単行本『日本が世界一「貧しい」国である件について』として発行された作品を加筆・修正のうえ、文庫化したものです。

祥伝社黄金文庫

日本《にほん》が世界一《せかいいち》「貧《まず》しい」国《くに》である件《けん》について

平成28年4月20日　初版第1刷発行

著　者　谷《たに》本《もと》真《ま》由《ゆ》美《み》
発行者　辻　浩明
発行所　祥伝社《しょうでんしゃ》
〒101－8701
東京都千代田区神田神保町3－3
電話　03（3265）2084（編集部）
電話　03（3265）2081（販売部）
電話　03（3265）3622（業務部）
http://www.shodensha.co.jp/

印刷所　堀内印刷
製本所　ナショナル製本

　ISBN978-4-396-31691-4 C0195

祥伝社黄金文庫

浜田和幸
たかられる大国日本
〈これでも黙っているのか⁉　米中両国の〝たかりの手口〟――日本人はこの本を読んで現実に目覚めよ！

井沢元彦
誰が歴史を歪《ゆが》めたか
教科書にけっして書かれない日本史の実像と、歴史の盲点に迫る！　著名言論人と著者の白熱の対談集。

渡部昇一
日本そして日本人
日本人の本質を明らかにし、その長所・短所、行動原理の秘密を鋭く洞察。現代人必読の一冊。

ひすいこたろう
白駒妃登美
人生に悩んだら「日本史」に聞こう
秀吉、松陰、龍馬……偉人たちの発想の転換力とは？　悩む前に読みたい、愛すべきご先祖様たちの人生訓。

樋口清之
梅干と日本刀
日本人が誇る豊かな知恵の数々。真の日本史がここにある！　120万部のベストセラー・シリーズが一冊に。

樋口清之
誇るべき日本人
私たちの歴史が語る二十一世紀への知恵と指針
うどんに唐辛子をかける本当の理由、朝シャンは元禄時代の流行、二千年間、いつも女性の時代――日本の歴史。